W0035554

UTB **3378**

**Eine Arbeitsgemeinschaft der Verlage**

Böhlau Verlag · Köln · Weimar · Wien
Verlag Barbara Budrich · Opladen · Farmington Hills
facultas.wuv · Wien
Wilhelm Fink · München
A. Francke Verlag · Tübingen und Basel
Haupt Verlag · Bern · Stuttgart · Wien
Julius Klinkhardt Verlagsbuchhandlung · Bad Heilbrunn
Lucius & Lucius Verlagsgesellschaft · Stuttgart
Mohr Siebeck · Tübingen
Orell Füssli Verlag · Zürich
Ernst Reinhardt Verlag · München · Basel
Ferdinand Schöningh · Paderborn · München · Wien · Zürich
Eugen Ulmer Verlag · Stuttgart
UVK Verlagsgesellschaft · Konstanz
Vandenhoeck & Ruprecht · Göttingen
vdf Hochschulverlag AG an der ETH Zürich

UTB Profile

Erich Kirchler, Christa Walenta

# Motivation

facultas.wuv

Erich Kirchler, Univ.-Prof. Dr., lehrt an der Fakultät für Psychologie der Universität Wien; ist Professor für Wirtschaftspsychologie.

Christa Walenta, Dr., ist Studiengangsleiterin für „Betriebswirtschaft & Wirtschaftspsychologie" an der Ferdinand-Porsche FernFH Wien (FFH).

Bibliografische Information Der Deutschen Nationalbibliothek
Die Deutsche Nationalbibliothek verzeichnet diese Publikation
in der Deutschen Nationalbibliografie;
detaillierte bibliografische Daten sind im Internet über
http://d-nb.de abrufbar.

1. Auflage 2010

© 2010 Facultas Verlags- und Buchhandels AG
facultas.wuv, Berggasse 5, 1090 Wien, Österreich
Alle Rechte vorbehalten

Reihenkonzept und Umschlagentwurf: Alexandra Brand
Umschlagumsetzung: Atelier Reichert Stuttgart
Satz: Ekke Wolf, typic.at
Druck: Druckerei Pustet, Regensburg
Printed in Germany

ISBN 978-3-8252-3378-5

# Inhalt

## Motivation im Profil

## Serviceteil

# Warum Motivation?

Gute Arbeitsleistungen hängen von vielen Faktoren ab: von der Komplexität und Schwierigkeit der Aufgaben, der Art und dem Inhalt der Tätigkeit, der Gestaltung des Arbeitsvollzuges und vom Arbeitsumfeld sowie von den Fähigkeiten und schließlich der Motivation der Mitarbeiter.

Motivation ist weder auf „die Karotte vor der Nase" zu reduzieren, noch ist die Möglichkeit, Mitarbeiter zu motivieren, ein Mythos. Motivation umfasst komplexe Aspekte der Interaktion zwischen Organisation, Aufgabe und Individuum. Bewusste und unbewusste menschliche Motive, der Wille zur Erreichung eines gesetzten Zieles und die dafür notwendigen Handlungen müssen berücksichtigt werden.

Das wissenschaftliche Know-how über die Komplexität dieses Themas, die aus dem Zusammenspiel von Person und Situation im Arbeitsalltag resultiert, liefert Praktikern, wie zum Beispiel Personalverantwortlichen und Unternehmensstrategen, wertvolle Instrumente für die Gestaltung der Arbeit in Organisationen. Die jahrzehntelange Erforschung motivationaler Grundlagen bietet Antworten auf die brennenden Fragen, wie sich verändernde Motive arbeitender Menschen entsprechend berücksichtigt werden können. Für Studierende ist das Wissen über motivationspsychologische Prozesse einerseits für die zukünftige berufliche Tätigkeit relevant, andererseits kann es dazu dienen, eigene Motivationsprozesse zu verstehen und zu verbessern.

Der vorliegende Band orientiert sich vorwiegend an den Standardwerken von Greenberg und Baron (2000 und 2008), Heckhausen (1989), Heckhausen und Heckhausen (2006), Nerdinger (1995), Robbins (2001) und Robbins und Judge (2007) sowie Weiner (1994).

# Motivation im Profil

# 1

## Motivation als Grundlage zielgerichteten Verhaltens

*Motivation ist keine überdauernde Persönlichkeitseigenschaft, sie entsteht vielmehr aus dem Zusammenspiel zwischen Eigenschaften der Person, Zielen und Erfordernissen sowie den Anreizen, die bei Erreichung des Zieles in Aussicht gestellt sind, und der Situation. Motivation ist somit der Gesamtprozess, durch den zielgerichtetes Verhalten initiiert und so lange in eine bestimmte Richtung gelenkt wird, bis das Ziel erreicht ist. Dabei kann das zielgerichtete Verhalten „von außen her" (extrinsisch) oder „von innen her" (intrinsisch) motiviert sein. Extrinsisch motiviertes Verhalten erfolgt, weil die Realisierung eines Handlungsziels von außen positiv bestärkt wird. Intrinsische Motivation resultiert aus der Ausführung der Handlung selbst, wie dies z. B. beim „Flow-Effekt" der Fall ist. In welcher Weise extrinsische und intrinsische Motivation zusammenwirken, wird u. a. durch den „Korrumpierungseffekt" beschrieben.*

Das Ziel utilitaristischer Organisationen ist die Herstellung von Produkten beziehungsweise das Angebot von nachgefragten Dienstleistungen. Um zielgerichtet und erfolgreich zu handeln, müssen Personen entsprechende Fähigkeiten besitzen, die situativen Bedingungen müssen zielgerichtete Handlungen ermöglichen und die Motivation, eine Handlung auszuführen, muss gegeben sein. Erfolgreiche Leistungen in der Kunst, im Sport oder in der Wirtschaft basieren nicht nur auf individuellen Fähigkeiten, sondern auch auf Motivation und Willen sowie auf förderlichen Situationsbedingungen.

Merksatz

**Leistung ist eine Funktion aus individuellen Fähigkeiten, Motivation und Aufgabe sowie situativen Möglichkeiten.**

Motivation ist keine überdauernde Persönlichkeitseigenschaft, die manche Menschen besitzen und andere nicht. Motivation entsteht – zeitlich begrenzt – aus dem Zusammenspiel zwischen Eigenschaften der Person, Zielen und Erfordernissen sowie den Anreizen, die bei Erreichung des Zieles winken, und der Situation. Stärke der Motivation und Ausdauer des Handelns sind nicht nur interindividuell unterschiedlich, sondern verändern sich von Zeitpunkt zu Zeitpunkt (Robbins und Judge, 2007). Motivation ist ein Sammelbegriff für „vielerlei psychische Prozesse und Effekte, deren gemeinsamer Kern darin besteht, dass ein Lebewesen sein Verhalten vor allem um der erwarteten Folgen willen auswählt und hinsichtlich Richtung und Energieaufwand steuert" (Heckhausen, 1989, S. 10). Dem Thema „Motivation" rechnet Heinz Heckhausen

– die Zielgerichtetheit des Verhaltens,
– den Beginn und Abschluss einer übergreifenden Verhaltenseinheit,
– ihre Wiederaufnahme nach Unterbrechung,
– den Wechsel zu einem neuen Verhaltensabschnitt und
– den Konflikt zwischen verschiedenen Verhaltenszielen und deren Realisierung zu.

Robbins und Judge (2007, S. 186) schreiben: "We'll define motivation as the processes that account for an individual's intensity, direction, and persistence of effort toward attaining a goal."

Generell wird Motivation auf jede Art von Handlungsziel bezogen; Stephen P. Robbins (2001), später in Zusammenarbeit mit Timothy A. Judge (2007), bezieht sich im vielfach aufgelegten Lehrbuch „Organizational Behavior" allerdings auf Ziele der Organisation. Implizit wird dabei angenommen, dass sich die persönlichen Ziele eines Mitarbeiters mit den betrieblichen Zielen überschneiden.

Greenberg und Baron (2008, S. 248) definieren Motivation „as the set of processes that arouse, direct, and maintain human behavior toward attaining some goal". Und ganz ähnlich schreiben Buchanan und Huczynski (1997, S. 68): "[M]otivation is the internal psychological process of initiating, energizing, directing, and maintaining goal-directed behavior." In einer überarbeiteten Version ihres Buches beziehen sich Huczynski und Buchanan (2001, S. 240) auf den Entscheidungsprozess: "Motivation is the cognitive decision-making process through which goal-directed behaviour is initiated, energized and directed and maintained."

Merksatz

**Motivation ist ein Sammelbegriff für vielerlei psychische Prozesse.**

Die meisten Definitionen beinhalten folgende Komponenten von Motivation: Aktivierung, Richtung und Ausdauer eines zielgerichteten Verhaltens.

- Unter Aktivierung *(arousal)* werden der (An-)Trieb beziehungsweise die Energie verstanden, die Handlungen auslösen.
- Die Richtung *(direction)* wird durch die persönliche Entscheidung darüber festgelegt, welches Ziel ausgewählt wird.
- Die Ausdauer *(maintainance)* des Verhaltens bezieht sich auf jene Faktoren, die dazu beitragen, dass ein Verhalten bis zur Erreichung eines Zieles durchgeführt wird.

Üblicherweise wird durch Introspektion und Verhaltensbeobachtung, durch die Analyse von Verhaltensergebnissen oder mittels physiologischer Messungen auf Motivation geschlossen. Zur Introspektion gehören Selbstbeobachtung und Protokollierung der eigenen Erlebnisphänomene. Verhaltensbeobachtung findet meist als Fremdbeobachtung statt. Dabei wird von beobachtbarem Verhalten auf die nicht beobachtbare, zugrundeliegende Motivationsstruktur geschlossen. Kritisch ist dabei, dass ein Motiv unterschiedliche Verhaltensweisen evozieren kann und gleichartige Verhaltensweisen auf durchaus unterschiedliche Motive zurückgeführt werden können. Gegenstand der Analyse von Verhaltensergebnissen ist nicht das Verhalten selbst, sondern die konkrete Leistung (z. B. Arbeitsleistung oder Testergebnisse, sportliche Leistungen, künstlerische Ergebnisse). Physiologische Daten wie Messungen des Blutdruckes, der Herz- und Atemfrequenz oder der Pupillengröße werden zur Erfassung der Aktivierung und Ausdauer erhoben.

## Intrinsische und extrinsische Motivation

Warum setzt eine Person eine bestimmte Handlung und investiert längerfristig Aufmerksamkeit und Energie in die Realisierung eines Ziels, das schwer zu erreichen ist? Zum einen können Gratifikationen winken, wenn ein Ziel erreicht wird, etwa eine finanzielle Belohnung, Lob und Anerkennung, Aussichten auf Beförderung oder einen Karrieresprung. Zum anderen kann das Ziel gar nicht so sehr das Ende der Handlung und Konsequenzen betreffen, sondern in der Genugtuung liegen, die durch die Handlung selbst erlebt wird. Das Verhalten selbst ist Gratifikation und treibt zu weiteren Aktivitäten an; oder das Endprodukt, ein Bild, ein Musikstück, ein Textstück oder anderes ist an sich motivierend. Verhalten kann also „von außen her" (extrinsisch) oder „von innen her" (intrinsisch) motiviert sein.

Intrinsisches Verhalten erfolgt um seiner selbst willen oder aufgrund eng damit zusammenhängender Zielzustände und ist damit nicht bloßes Mittel zu einem andersartigen Zweck. Extrinsisch motiviertes Verhalten erfolgt, weil die Realisierung eines Handlungsziels gratifiziert wird, also das Handlungsziel eine gewünschte weitere Konsequenz mit sich zieht (Heckhausen, 1989). Während extrinsische Motivation durch die Belohnungen von Handlungen gegeben ist – ganz nach operantem Konditionierungsmodell, wonach jene Aktionen, die positive Folgen haben, mit größerer Wahrscheinlichkeit wieder gesetzt werden als andere –, argumentiert Deci (1971), dass manche Aktionen an sich angenehm sind und die Motivation zur Handlung in der Handlung an sich liegt. Intrinsische Motivation resultiert aus der Ausführung der Handlung selbst.

> **Merksatz**
>
> **Extrinsisch motiviertes Verhalten erfolgt, weil die Realisierung eines Handlungsziels gratifiziert wird. Intrinsische Motivation resultiert aus der Ausführung der Handlung selbst.**

Nach Heckhausen (1989, S. 456 ff.) unterscheidet sich intrinsische Motivation durch folgende Merkmale von extrinsischer Motivation:
- Triebe ohne Triebreduktion: Intrinsische Motivation dient nicht der Befriedigung leiblicher Bedürfnisse wie Hunger, Durst und Schmerzvermeidung. Sie betrifft vielmehr Triebe ohne Triebreduk-

tion nach homeostatischem Modell. In erster Linie sind also Bedürfnisse nach Selbstentfaltung und persönlichem Wachstum gemeint.

– Zweckfreiheit: Das Verhalten wird um seiner selbst willen durchgeführt oder zur Erreichung von Zielen, die mit der Handlung thematisch gleich sind. Leistungshandeln ist dann intrinsisch motiviert, wenn das Endziel das angestrebte Leistungsergebnis ist und nicht Konsequenzen, die sich aus der erbrachten Leistung ergeben, oder wenn die Erfahrung der erfolgreichen Leistung das Gefühl der eigenen Tüchtigkeit gibt und dieses angestrebt wird. Spiel, Sport, künstlerische und wissenschaftliche Arbeiten sind meist intrinsisch motiviert.

– Optimalniveau von Aktivation und Inkongruenz: Intrinsische Motivation ist dann möglich, wenn ein „optimales Aktivationsniveau" erreicht wird, wenn ein mittleres Anregungspotenzial zwischen aufgenommener Information und einem Standard in Form eines Adaptionsniveaus oder einer Erwartung gegeben ist. Nach diesem Konzept halten sich Aktivation und die zu verarbeitende Informationskomplexität in etwa die Waage; kleine Diskrepanzen regen an, große Diskrepanzen zwischen Aktivation und Anregung haben negative Effekte.

– Selbstbestimmung: Wenn Menschen sich selbst für die Ausführung einer Handlung entscheiden können und die einzelnen Handlungsschritte selbst einteilen und kontrollieren können, also das Gefühl von Kompetenz, eigener Tüchtigkeit und Selbstbestimmung erleben, dann ist intrinsische Motivation möglich.

– Freudiges Aufgehen in einer Handlung: Die Tätigkeit bereitet der handelnden Person weder Angst vor Überforderung noch Langeweile durch Unterforderung, sondern Freude. Heckhausen (1989, S. 458) spricht von freudiger „Hingabe an die anliegende Sache", von völligem „Absorbiertwerden des Erlebens von der voranschreitenden Handlung".

**Das „Flow-Erleben".** Das freudige Aufgehen in einer Tätigkeit beobachtete Csikszentmihalyi (1975) bei Schachspielern, Sportlern, Chirurgen und Tänzern. Er ließ Vertreter dieser Berufsgruppen über ihre Tätigkeit erzählen und entdeckte auf diese Weise das Phänomen des „Flow-Effektes". Csikszentmihalyi (1975) versteht darunter das völlige Aufgehen in einer Tätigkeit, wobei die Aufmerksamkeit ganz von der Tätigkeit angezogen wird und die eigene Person vergessen lässt. Beispiele für Personen mit häufigen Flow-Erlebnissen sind sogenannte Computerfreaks, die erst am schmerzenden Rücken merken, dass sie bereits stundenlang am Computer zugebracht haben. Künstler können in ihrer Arbeit versinken und nehmen ihre Umwelt kaum wahr. Flow-Erlebnisse sind dann gegeben, wenn die Tätigkeit selbst zu ihrem eigenen Antrieb wird. Wenn Künstler ihr Werk erstellen und buchstäblich Tag und Nacht arbeiten könnten, sich ihrer Arbeit fanatisch hingeben und scheinbar mühelos arbeiten, wenn sie „eins mit der Situation" sind und die Handlungen „fließen", ohne dass sie sich selbst beobachten, dann sind sie im Zustand des Flow und handeln selbstvergessen. Nach Csikszentmihalyi entsteht optimales Erleben oder Flow dann, wenn eine subjektiv bedeutsame Tätigkeit als Herausforderung erlebt wird und die eigenen Fertigkeiten und Fähigkeiten der Herausforderung entsprechend erlebt werden. Es geht also um optimale Beanspruchung (Abbildung 1). Während der Arbeitszeit können Flow-Erlebnisse auf-

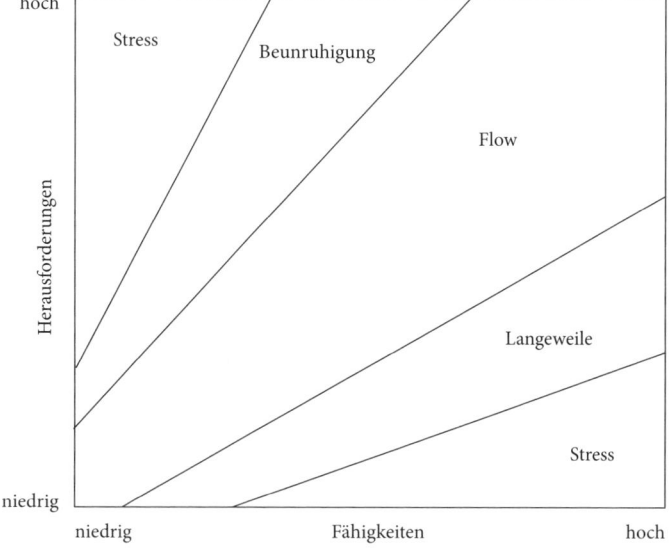

Abb. 1. Flow-Modell nach Csikszentmihalyi (1975)

treten, wenn die Beanspruchung optimal ist. Als Konsequenz für die Arbeits- und Organisationspsychologie ergibt sich die Forderung nach psychologisch adäquater Arbeitsgestaltung.

**Der Korrumpierungseffekt.** Wenn intrinsische Motivation zur Handlungsausführung antreibt und extrinsisch gesetzte Belohnungen ebenfalls motivierend wirken, dann könnte angenommen werden, dass sowohl intrinsische wie auch extrinsische Motivation doppelt stark wirken. Dies ist allerdings nicht der Fall. Im Gegenteil: Extrinsische Motivation scheint intrinsische zu vermindern. DeCharms (1968, zitiert nach Heckhausen, 1989) stellte zwei paradox erscheinende Thesen über die Wirkung auf, welche externe Belohnung auf intrinsische Motivation hat: Zum einen kann externe Belohnung, die für etwas gegeben wird, das freiwillig getan wird, intrinsische Motivation korrumpieren. Zum anderen wird vermutet, dass die intrinsische Motivation für eine uninteressante Tätigkeit, die nicht belohnt wird, obwohl sie wegen einer in Aussicht gestellten Belohnung begonnen wurde, steigt. Diese Annahmen regten zu einer Reihe von Untersuchungen an, die beide Hypothesen unterstützen. Üblicherweise wurden in Studien zur Prüfung der Hypothesen zwei oder drei Beobachtungsphasen realisiert: In einer ersten Phase wurde die spontane Beschäftigung mit einer Aufgabe von hoher Attraktivität beobachtet; in der zweiten wurden Belohnungen für die Tätigkeit in Aussicht gestellt und materiell, verbal oder symbolisch gegeben. Nach einiger Zeit wurden die Teilnehmer wieder beobachtet, während sie die ursprüngliche oder andere Tätigkeiten ausführen konnten. Erhoben wurden Dauer der Beschäftigung, Arbeitsfreude und andere Variablen.

Lepper, Greene und Nisbett (1973, zitiert nach Heckhausen, 1989) führten eine Studie in Kindergärten durch: Kinder, die ein besonders großes Interesse am Malen hatten, wurden in einen Raum geführt, in dem sie alleine malen konnten. Der Versuchsgruppe 1 wurde ein Preis (Fleißkärtchen) in Aussicht gestellt, während die anderen beiden Gruppen entweder eine unerwartete Belohnung (Versuchsgruppe 2) oder gar keine (Kontrollgruppe) erhielten. Nach einer Woche wurden die Kinder wieder beobachtet. Nun wurde festgestellt, dass sich jene Kinder, die eine vorher angekündigte Belohnung erhalten hatten, weniger der Malerei zuwandten als die Kinder der Kontrollgruppe und der Versuchsgruppe 2.

In einem Versuch von Calder und Staw (1975, zitiert nach Heckhausen, 1989) wurden Zusammensetzaufgaben in einer interessanten und einer langweiligen Version vorgelegt. Einmal wurden die Aufgaben mit und einmal ohne Bildillustrationen bearbeitet. Mit Bezahlung sank die Zufriedenheit mit der interessanten Aufgabe ab, während die Zufriedenheit mit der uninteressanten Aufgabe stark zunahm.

Es zeigt sich: Reizvolle Tätigkeiten verlieren durch Belohnungen oder Verhaltenszwänge an Attraktivität. Dies bestätigten auch Deci, Koestner und Ryan (1999) in einer Metaanalyse von 128 Studien. Dabei wirken materielle Belohnungen stärker als verbale und symbolische. Geldbelohnungen vermindern die Motivation dann, wenn die Aktivität von einer Person nicht mit Geld in Zusammenhang gebracht wird. Leistungskontingente Belohnung hat negativere Auswirkungen auf intrinsische Motivation als weniger leistungsbezogene Belohnung. Lob scheint zwar bei Männern zu einer Steigerung der intrinsischen Motivation zu führen, nicht aber notwendigerweise bei Frauen. Tadel hingegen mindert bei beiden Geschlechtern die Attraktivität einer Aufgabe und die intrinsische Motivation. Durch Belohnungen, Kritik, Kontrolle oder Terminvorgaben kann intrinsische Motivation sinken. Allerdings muss zwischen informierenden und kontrollierenden Aspekten von Belohnungen und Rückmeldung unterschieden werden: Information ohne Einschränkung der Selbstbestimmung fördert intrinsische Motivation. Kontrolle scheint zu einer Orientierung an externen Belohnungen zu führen und erhöht die Wirkung extrinsischer Motivation. In einer Metaanalyse mit 145 Studien zeigen Cameron et al. (2001), dass der Korrumpierungseffekt nur dann auftritt, 1. wenn die Tätigkeit interessant ist, 2. wenn statt Lob materielle Belohnungen dargeboten werden und 3. wenn diese Belohnungen erwartet werden (Heckhausen und Heckhausen, 2006).

## Inhalts- und Prozesstheorien der Motivation

Wenn eine Person eine Handlung ausführt, liegt die Frage nahe, warum sie das tut. Die Frage, warum eine bestimmte Tätigkeit ausgeübt wird, zielt auf die Motive einer Person ab. Welche Motive kann eine Person haben, welche Bedürfnisse versucht eine Person zu befriedigen? Hunger oder Durst, Schutz vor Gefahren, Anerkennung und Lob, soziale Nähe, Macht und Einfluss oder die Erfahrung der eigenen Möglichkeiten und Grenzen können grundlegende Bedürfnisse sein, die Handlungsmotive definieren. Klärend sei erwähnt, dass ein Bedürfnis *(need)* als ein interner Mangelzustand verstanden werden kann, der Kognitionen und Verhalten insofern steuert, dass damit eine Bedürfnisbefriedigung erreichbar erscheint. Motive sind immer handlungsrelevante und zielbezogene Beweggründe (oder Handlungsantriebe). „Motive sind eingebettet in kognitive und emotionale Prozesse und von relativ überdauernden Einstellungen beziehungsweise Wertmaßstäben überlagert" (Fröhlich, 2008, S. 328).

Welche Bedürfnisse und Motive gibt es? Von der Wissenschaft wurden verschiedene Listen mit Bedürfnissen und Motiven erstellt. Theorien, die der Frage nachgehen, was und welche inhaltlichen Faktoren den Menschen zur Arbeit motivieren, werden als Inhaltstheorien der Motivation bezeichnet. Dazu zählen die Bedürfnispyramide von Maslow, die ERG-Theorie von Alderfer, die Zwei-Faktoren-Theorie von Herzberg und Mitarbeitern, die X-Y-Theorie von McGregor und die Arbeiten zur Leistungs-, Macht- und Affiliationsmotivation von McClelland.

**Merksatz**

**Inhaltstheorien beziehen sich auf die inhaltlichen Faktoren der Arbeitsmotivation.**

Wenn eine Person eine Handlung ausführt, dann stellt sich aber nicht nur die Frage nach den Motiven, sondern auch danach, wie sie eine Handlungsalternative aus verschiedenen Möglichkeiten auswählt, wie sie sich ein Ziel setzt und welche Kräfte sie antreiben, bis zur Erreichung des Ziels durchzuhalten. Schließlich stellt sich auch die Frage, wie sie ein Handlungsergebnis bewertet, welche Ursachen sie für das Zustandekommen einer Leistung oder für ein Missgeschick verantwortlich macht und wie fair eine Person das Verhältnis zwischen Aufwand und Belohnung erlebt. Die Beschäftigung mit der Regulation des Antriebs zu einer Tätigkeit hat zur Formulierung der Prozesstheorien der Motivation geführt.

Prozesstheorien fokussieren auf Entscheidungen, die Individuen unter Berücksichtigung ihrer Handlungen zu machen haben, und darauf, wie die Handlungen angetrieben, gerichtet und beendet werden.

Merksatz

**Prozesstheorien stellen Antrieb, Richtung, Ausführung und Evaluation von Handlungen in den Mittelpunkt.**

Prozesstheorien wurden u. a. von Vroom (Valenz-Instrumentalitäts-Erwartungs-Theorie), Locke und Latham (Zielsetzungstheorie), Kuhl (Theorie der Handlungskontrolle) und in besonders umfassender Weise von Heckhausen (Rubikon-Modell) formuliert.

## Tipps zum Weiterlesen:

*Heckhausen, J. & Heckhausen, H. (2006). Motivation und Handeln. Heidelberg: Springer.*
Das umfassende und anspruchsvolle Lehrbuch gilt als Standardwerk der Motivationspsychologie. Heckhausen und eine Reihe von Autorinnen und Autoren präsentieren verschiedene theoretische Zugänge, Spezialgebiete und aktuelle Forschungsbefunde, beispielsweise zu Motivation und Situation, Leistung, Macht, Kausalattributionen oder individuellen Unterschieden.

*Nerdinger, F. W. (1995). Motivation und Handeln in Organisationen: Eine Einführung. Stuttgart: Kohlhammer.*
Diese gut strukturierte und verständlich geschriebene Einführung gibt einen Überblick über die wichtigsten theoretischen Ansätze und empirischen Befunde und integriert die vorliegenden Theorien in ein Rahmenmodell des Handelns. Außerdem diskutiert der Autor die praktischen Konsequenzen für das Handeln in Organisationen.

# 2

# Inhaltstheorien

*Die Inhaltstheorien der Motivation widmen sich der Suche nach den inhaltlichen Faktoren, die eine Person dazu antreiben, eine bestimmte Handlung auszuführen. Maslow sieht den Handlungsantrieb in verschiedenen Bedürfnissen begründet, die er in hierarchisch geordneten Bedürfnisklassen in Form einer Pyramide zusammenfasst. Maslows Modell wird von Alderfers ERG-Theorie revidiert, der drei Gruppen von Kernbedürfnissen postuliert: Existenzbedürfnisse (existence), Beziehungsbedürfnisse (relatedness) und Wachstumsbedürfnisse (growth). Herzberg und Mitarbeiter unterscheiden in ihrer Zwei-Faktoren-Theorie zwischen den Motivatoren, die Zufriedenheit bewirken, und den Hygienefaktoren, die Unzufriedenheit auslösen können, aber nicht Zufriedenheit bewirken. Die Abwesenheit von Gründen für Unzufriedenheit erzeugt somit nicht zwangsläufig Zufriedenheit. McGregor fokussiert in seiner X-Y-Theorie auf den Zusammenhang zwischen dem Menschenbild, das Manager von ihren Mitarbeitern haben, und der Arbeitsmotivation ebendieser Mitarbeiter. McClelland schließlich sieht den Handlungsantrieb von Personen in den Bedürfnissen nach Leistung, Macht und Affiliation, d. h. Zugehörigkeit, begründet, wobei er der Leistungsmotivation besondere Aufmerksamkeit schenkt.*

## Die Maslow'sche Bedürfnispyramide

Abraham Maslow (1954, siehe auch Robbins und Judge, 2007) postulierte eine Hierarchie von fünf Bedürfnisklassen. Diese Klassen beinhalten auf der unteren Ebene Defizitmotive, wie

- *physiologische Grundbedürfnisse* (Hunger, Durst, Sexualität, Schlaf, Schmerzfreiheit etc.),
- *Sicherheitsbedürfnisse* (Stabilität, Geborgenheit, Schutz, Angstfreiheit etc.),

– *soziale Bedürfnisse* nach Liebe, Freundschaft, Akzeptanz und Zugehörigkeit,
– *Bedürfnisse nach Wertschätzung*, wie beispielsweise das „innere" Bedürfnis nach Selbstachtung, Autonomie und persönlicher Leistung, und „von anderen befriedigbare" Bedürfnisse nach Prestige, Status sowie Einfluss, Bestätigung und Beachtung.

Schließlich wird als *Wachstumsbedürfnis Selbstverwirklichung* angeführt. Diese Kategorie umfasst Bedürfnisse nach persönlichem Wachstum sowie nach der Entfaltung der eigenen Möglichkeiten.

Nach Maslow lassen sich die Bedürfniskategorien in eine Rangordnung bringen. Die Aktivierung höherer Bedürfnisse hängt davon ab, ob rangniedrigere Bedürfnisse ausreichend befriedigt sind oder nicht. Die ersten vier Bedürfnisklassen werden deshalb „Defizitmotive" genannt, weil ihre Aktivierung einen Mangelzustand aufzeigt und Befriedigung zumindest vorübergehend zu Sättigung führt. Nach homeostatischem Modell führt Ungleichgewicht oder Mangel zur Bedürfnisaktivierung und Befriedigung wieder zu Gleichgewicht. Selbstentfaltung wird als „Wachstumsmotiv" bezeichnet, weil dieses Bedürfnis zu Persönlichkeitsentwicklung führt und eine Sättigung nicht eintreten kann.

Maslows Theorie wird wie manche andere Inhaltstheorie als nicht mehr zeitgemäß kritisiert. Die Schwächen liegen vor allem in der Abgrenzbarkeit und Operationalisierbarkeit der Bedürfnisse und in der Schwierigkeit, die Annahmen empirisch zu prüfen. In mehreren Studien wurde wenig Unterstützung für die postulierte Hierarchie der Bedürfnisse gefunden (Weinert, 2004). Das große Verdienst Maslows war es aber, die Aufmerksamkeit auf das Bedürfnis nach Selbstverwirklichung zu lenken und damit auch in der Arbeitswelt auf Möglichkeiten der Persönlichkeitsentwicklung zu drängen.

## Die ERG-Theorie

Clayton Alderfer (1969, siehe auch Robbins und Judge, 2007) revidierte die Maslow'sche Bedürfnispyramide und legte die Basis für empirische Prüfungen des Modells. Er postuliert *drei Gruppen von Kernbedürfnissen:*
– Existenzbedürfnisse *(existence)*,

- Beziehungsbedürfnisse *(relatedness),*
- Wachstumsbedürfnisse *(growth).*

Unter Existenzbedürfnissen sind die grundlegenden Bedürfnisse enthalten, welche die materielle Existenz sichern. Diese Kategorie entspricht Maslows erster und zweiter Bedürfnisebene. Beziehungsbedürfnisse betreffen zwischenmenschliche Interaktion und damit verbundene Bedürfnisse wie Affiliation, Liebe, Zuneigung, Macht und Einfluss. Wachstumsbedürfnisse umfassen Bedürfnisse zur persönlichen Entwicklung. Hierzu gehören die Selbstverwirklichungsbedürfnisse von Maslow. Im Gegensatz zu Maslow geht Alderfer (1969) nicht von einem fixen hierarchischen Modell aus, bei dem erst die Bedürfnisse der unteren Ebene befriedigt sein müssen, damit Bedürfnisse auf den oberen Ebenen dominant werden können, sondern meint, dass gleichzeitig mehr als ein Bedürfnis aktiviert sein kann und je nach Kultur unterschiedliche Bedürfnispräferenzen zum Tragen kommen.

## Die Zwei-Faktoren-Theorie

Frederick Herzberg und Mitarbeiter (1959) entwickelten die sogenannte *Zwei-Faktoren-Theorie,* deren Kernannahme besagt, dass Zufriedenheit und Unzufriedenheit mit der Arbeit von je zwei unterschiedlichen Faktorengruppen beeinflusst werden: Motivatoren *(satisfiers)* bewirken Zufriedenheit, während Hygienefaktoren *(dissatisfiers)* Unzufriedenheit auslösen können, aber nicht Zufriedenheit bewirken. Motivatoren hängen unmittelbar mit dem Inhalt der Arbeit zusammen und werden daher auch als „Kontentfaktoren" bezeichnet. Hygienefaktoren beziehen sich auf die Arbeitsumgebung und werden deshalb auch als „Kontextfaktoren" bezeichnet. Während Anerkennung, die Tätigkeit selbst, Verantwortung, Weiterentwicklungs- und Aufstiegsmöglichkeiten intrinsisch motivierend wirken und zu Zufriedenheit führen, aber nicht Unzufriedenheit auslösen, können Bezahlung, Führungsstil, Status, Arbeitsumgebung, Beziehungen zu Kollegen, Unternehmenspolitik bei Frustration zu Unzufriedenheit führen.

Die wichtigste Erkenntnis und gleichzeitig praktische Konsequenz aus der Theorie ist die Idee, dass Motivation mit der Möglichkeit zu persönlichem Wachstum verbunden ist und auf dem Bedürfnis ständiger

Weiterentwicklung basiert. Menschen sind dann mit ihrer Arbeit zufrieden, wenn sie interessant und herausfordernd ist. Das Management kann also eigentlich die Mitarbeiter nicht motivieren, aber es kann eine Arbeitsumgebung und Arbeitsbedingungen schaffen, die es Arbeitenden erlauben, sich selbst zu motivieren. Der eigentliche Wert der vielfach kritisierten Zwei-Faktoren-Theorie liegt darin, dass sie vor allem dazu beigetragen hat, die Arbeitsbedingungen und Arbeitsgestaltung in das Zentrum des Interesses der Organisationspsychologie zu rücken.

## Theorie X und Theorie Y

Douglas McGregor postulierte in seinem 1960 veröffentlichten Buch „The Human Side of Enterprise" zwei unterschiedliche „Bilder" des Menschen in Organisationen. Zum einen ist ein Großteil der Maßnahmen des Managements von Misstrauen und negativen Einstellungen gegenüber den Mitarbeitern geleitet. Laut *Theorie X* sind Mitarbeiter arbeitsunwillig und verantwortungsscheu, nur zur Arbeit zu zwingen oder durch externe Belohnungen zu motivieren. Im Gegensatz dazu werden Mitarbeiter nach der *Theorie Y* als arbeitswillig und entscheidungsfreudig angesehen, bereit, Eigenverantwortung zu übernehmen, wenn sie sich Zielen verpflichtet fühlen. Nach dem Mechanismus der selbsterfüllenden Prophezeiung ist davon auszugehen, dass je nachdem, welcher Theorie Manager anhängen, die Mitarbeiter sich in der erwarteten Richtung verhalten, also entweder mit Verantwortungsscheu und Einstellung der Eigeninitiative oder mit Freude zur Übernahme von Verantwortung und erhöhter Arbeitsmotivation reagieren. McGregors Verdienst liegt darin, Vorurteile und ihre Wirkung aufgezeigt zu haben und mit seiner Motivationstheorie Manager zur Reflexion der eigenen „Menschenbilder" zu veranlassen und zur Überzeugung führen zu können, dass die Mitarbeiter dann mehr zum Erfolg einer Organisation beitragen, wenn sie als verantwortungsvolle und wertvolle Mitarbeiter behandelt werden (siehe auch Robbins und Judge, 2007).

## Leistungsmotivation

David McClelland (1971, zitiert nach Heckhausen und Heckhausen, 2006) hat sich über zwanzig Jahre mit seinen Mitarbeitern an der Harvard University vor allem mit Macht-, Affiliations- und Leistungsmotivation befasst. Um das Profil Ihrer eigenen Motive herauszufinden, können Sie den folgenden Fragebogen beantworten (übersetzt aus Robbins, 1998, S. 198).

Denken Sie an Ihre Arbeitssituation und geben Sie an, ob die folgenden Feststellungen für Sie zutreffen oder nicht.

|   |   | stimmt nicht | | | | stimmt |
|---|---|---|---|---|---|---|
| 1. | Ich bemühe mich sehr, meine Arbeitsleistung ständig zu verbessern. | 1 | 2 | 3 | 4 | 5 |
| 2. | Ich liebe den Wettbewerb und den Sieg. | 1 | 2 | 3 | 4 | 5 |
| 3. | Ich spreche oft mit Personen über andere Themen als über meine Arbeit. | 1 | 2 | 3 | 4 | 5 |
| 4. | Ich liebe schwierige Herausforderungen. | | | | | |
| 5. | Ich trage gerne Verantwortung. | 1 | 2 | 3 | 4 | 5 |
| 6. | Es ist für mich wichtig, dass mich andere Personen mögen. | 1 | 2 | 3 | 4 | 5 |
| 7. | Wenn ich eine Aufgabe erledige, möchte ich Rückmeldung über meinen Arbeitsfortschritt erhalten. | 1 | 2 | 3 | 4 | 5 |
| 8. | Ich stelle Personen, die Dinge unternehmen, die ich nicht akzeptiere, zur Rede. | 1 | 2 | 3 | 4 | 5 |
| 9. | Ich neige dazu, mit meinen Kollegen und Kolleginnen enge Beziehungen aufzubauen. | 1 | 2 | 3 | 4 | 5 |
| 10. | Ich setze mir gerne realistische Ziele, die ich auch erreichen kann. | 1 | 2 | 3 | 4 | 5 |
| 11. | Ich übe gerne Einfluss auf andere Menschen aus, um das zu bekommen, was ich möchte. | 1 | 2 | 3 | 4 | 5 |
| 12. | Ich gehöre gerne einer Gruppe oder Organisation an. | 1 | 2 | 3 | 4 | 5 |
| 13. | Wenn es mir gelingt, schwierige Aufgaben zu lösen, erlebe ich Genugtuung und Zufriedenheit. | 1 | 2 | 3 | 4 | 5 |
| 14. | Ich versuche häufig, mehr Kontrolle über die Ereignisse rund um mich zu bekommen. | 1 | 2 | 3 | 4 | 5 |
| 15. | Ich arbeite lieber mit anderen Personen als alleine. | 1 | 2 | 3 | 4 | 5 |

Fragebogen 1. Beispiel für einen Motivationsfragebogen zur Messung von Macht-, Affiliations- und Leistungsmotivation (nach Robbins, 1998, S. 198)

Um festzustellen, welche Motive Ihnen besonders wichtig sind, schreiben Sie die angekreuzten Antworten (Ziffern) neben die unten angeführten Itemzahlen. Berechnen Sie anschließend die Spaltensummen und Sie erhalten ein Profil Ihrer Motive.

| Leistung | | Macht | | Affiliation | |
|---|---|---|---|---|---|
| Item | Antwort | Item | Antwort | Item | Antwort |
| 1. | | 2. | | 3. | |
| 4. | | 5. | | 6. | |
| 7. | | 8. | | 9. | |
| 10. | | 11. | | 12. | |
| 13. | | 14. | | 15. | |
| Summe | | | | | |

McClelland schenkte der Leistungsmotivation besondere Aufmerksamkeit.

**Merksatz**

**Leistungsmotivation wird als Bestreben definiert, die eigene Tüchtigkeit in all jenen Tätigkeitsbereichen zu steigern oder möglichst hoch zu halten, in denen ein Gütemaßstab für verbindlich gehalten wird und deren Ausführung gelingen oder misslingen kann (Rosenstiel, 2007).**

Nach dem Affekt-Erregungs-Modell von McClelland, Atkinson, Clark und Lowell (1953) werden Motive durch emotionale Erfahrungen und die situativen Bedingungen, in denen solche gemacht werden, erlernt. Das Erleben von Erfolg ist mit dem Gefühl des Stolzes, das Erleben von Misserfolg hingegen mit Scham verknüpft. Diese Gefühle werden gedanklich mit der Wahrnehmung wichtiger Merkmale *(cues)* oder Situationen, in denen sie auftreten, assoziiert. In späteren Situationen können bestimmte Hinweisreize dieselben affektiven Zustände (Stolz oder Scham) hervorrufen wie in der Vergangenheit. Je nach Gefühl entwickelt ein Individuum zuwendende oder vermeidende Handlungstendenzen.

McClelland und Atkinson entdeckten in ihren Studien zur Leistungsmotivation die verschiedenen Motivtendenzen „Hoffnung auf Erfolg" und „Furcht vor Misserfolg". Zur Messung der Leistungsmotivation wurde der Thematische Apperzeptionstest (TAT) verwendet. In den 1930er Jahren entwickelte Henry Murray diesen projektiven Test, in dem Untersuchungsteilnehmer aufgefordert werden, zu mehreren Bildern mit unterschiedlicher Thematik eine Geschichte zu erzählen. In Versuchen zeigte sich, dass Personen, die Hunger hatten, häufiger nahrungsbezogene Inhalte erzählten. Zur Messung der Leistungsmotivation werden Bilder vorgelegt, die leistungsbezogene Themen nahelegen. Das folgende Bild zeigt ein Beispiel, wie es etwa im TAT verwendet werden könnte.

Die Geschichten der Personen werden inhaltlich kategorisiert und je nachdem, welche Inhalte genannt werden, wird gefolgert, eine Person sei leistungsmotiviert, erfolgsorientiert oder fürchte Misserfolge. Nach Heckhausen (1963, zitiert in Heckhausen und Heckhausen, 2006, S. 149 f.) können die Beschreibungen der Bilder folgenden Inhaltskategorien zugeordnet werden. Für „Hoffnung auf Erfolg" sprechen Inhalte wie:

– Bedürfnis nach Leistung und Erfolg (z. B. wird erzählt, dass die Person auf dem Bild zu einer wichtigen beruflichen Besprechung eilt),
– instrumentelle Tätigkeit zur Zielerreichung (z. B. wird erzählt, die dargestellte Person trage wichtige Arbeitsunterlagen),
– Erfolgserwartung (z. B. die befragte Person berichtet, die dargestellte Figur sei sich sicher, dass ihre Arbeit erfolgreich sein wird),
– Lob infolge guter Leistung (z. B. wird erzählt, die dargestellt Person sei gerade für eine fertiggestellte Arbeit gelobt worden),
– positiver Gefühlszustand (die befragte Person erzählt z. B., die dargestellte Figur habe Spaß an der Arbeit und fühle sich kompetent),
– Erfolgsthema (alle Geschichten mit weiteren erfolgsgerichteten Inhalten werden als Erfolgsorientierung kodiert).

Folgende Inhalte sprechen für „Furcht vor Misserfolg":
– Bedürfnis nach Misserfolgsmeidung (z. B. erzählt die befragte Person von einem Arbeitstätigen, der hofft, dass er nicht zu spät zu einer Besprechung kommt),
– instrumentelle Tätigkeit zur Vermeidung eines Misserfolges (z. B. die Person – so wird erzählt – muss sich beeilen, um einen überfälligen Termin einzuhalten),
– Misserfolgsungewissheit oder Erfolgsungewissheit (z. B. wird berichtet, eine Person denke, wenn ihr diesmal eine Arbeit nicht gelingt, wäre sie blamiert),
– Kritik und Tadel (eine Testperson erzählt z. B. davon, dass die dargestellte Figur sich mehr anstrengen muss, wenn ihr Arbeitsvertrag verlängert werden soll),
– negative Gefühle (z. B. wird vermutet, dass die dargestellte Person zerknirscht von einem Gespräch zurückkommt),
– Misserfolg (z. B. wird erzählt, die dargestellte Person habe ein Projekt nicht zeitgerecht fertiggestellt),
– Misserfolgsthema (alle Geschichten mit weiteren misserfolgsgerichteten Inhalten werden als Misserfolgsorientierung kodiert).

Das Verhältnis der Anzahl der Aussagen über Hoffnung auf Erfolg und Furcht vor Misserfolg ergibt die Motivorientierung der Person.

**Merksatz**

**Innerhalb der Leistungsmotivation gibt es die beiden Motivtendenzen „Hoffnung auf Erfolg" und „Furcht vor Misserfolg".**

Das Konzept von McClelland kann mit der Zwei-Faktoren-Theorie von Herzberg in Beziehung gesetzt werden. Personen mit hohem Leistungsmotiv zeigen mehr Interesse an Motivatoren, das heißt an der Arbeit selbst. Sie möchten Feedback darüber erhalten, ob sie ihre Arbeit gut machen. Personen mit niedrigem Leistungsmotiv sind mehr an Umweltfaktoren, also Hygienefaktoren, interessiert. Sie wollen eher darüber Bescheid wissen, was andere über sie denken, als darüber, ob sie ihre Arbeit gut erledigen.

Zusammenfassend zeigen die Studien von McClelland, dass sich Personen mit hoher Leistungsmotivation durch bestimmte Merkmale auszeichnen: Sie besitzen die Fähigkeit, sich hohe (fordernde), jedoch erreichbare Ziele zu setzen; persönliche Leistung ist ihnen wichtiger als die Belohnung von Erfolg; auch das Bedürfnis nach arbeitsrelevanter Rückmeldung, wie gut die Arbeit ist, ist wichtiger als die persönliche Rückmeldung, wie sehr sie gemocht werden.

**Praktische Anwendung der Leistungsmotivation.** Hohe Leistungsmotivation korreliert nicht nur mit hohen individuellen Leistungsergebnissen. Je nach Leistungsmotivationsindex einer Nation werden unterschiedliche Wirtschaftsdaten (z. B. Wirtschaftswachstum) erwartet. DeCharms und Moeller (1962) stellten fest, dass die Patentanmeldungen in den USA von 1800 bis 1950 und die mittlere Häufigkeit von leistungsbezogenen Themen in Lesebüchern hoch positiv korreliert sind (Abbildung 2).

Wesentlich für die praktische Anwendung ist, dass das Leistungsmotiv trainiert werden kann. Bestehende emotionale Assoziationen können von leistungsthematischen Situationen ausgebaut, begrifflich bewusst gemacht, mit alltäglichen Gegebenheiten des Berufslebens verbunden und die neuen, leistungsthematischen Assoziationen mit übergeordneten kulturellen Werten in Beziehung gebracht werden.

Leistungsorientierte Mitarbeiter sind für jede Organisation äußerst wichtig. Oft werden sie aufgrund ihrer Leistung in Führungspositionen befördert, haben dann aber Schwierigkeiten in der Mitarbeiterführung. Warum? Ihre Leistung ist dann auch von anderen Personen abhängig und sie erwarten Höchstleistungen auch von den Mitarbeitern. Manchmal fehlt diesen Personen dann die nötige Geduld für Mitarbeiter, die zwar kompetent sind, jedoch ein höheres Affiliationsbedürfnis haben. Werden in solchen Fällen ausschließlich Arbeitsziele betont, führt dies zur Frustration der Mitarbeiter und diese werden ihr eigenes Potenzial

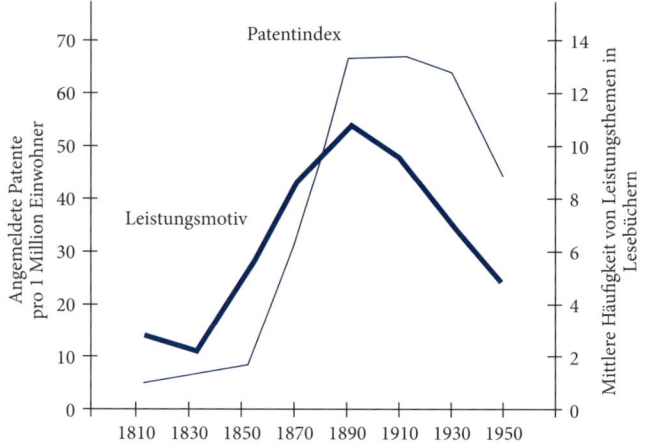

Abb. 2. Patentanmeldungen pro 1 Million Einwohner und durchschnittliche Häufigkeit leistungsthematischer Inhalte in Lesebüchern (DeCharms und Moeller, 1962, S. 139; zitiert nach Heckhausen und Heckhausen, 2006, S. 160)

nicht maximal entfalten. Leistungsorientierte Mitarbeiter sollten daher bei der Entwicklung sozialer Kompetenzen besonders gefördert und etwa zu Trainings sozialer Skills eingeladen werden, um gute Managementqualitäten zu entwickeln.

## Praktische Anwendungen der Inhaltstheorien

Die Theorien und Forschungsergebnisse zu den Motivinhalten haben in der Wirtschaft ein Umdenken bewirkt, welches zu praktischen Konsequenzen führte. Die im Folgenden genannten Instrumente in der Betriebsführung wurden mit dem Ziel entwickelt, Arbeitstätigkeiten interessanter zu gestalten, dadurch die Zufriedenheit und Motivation der Mitarbeiter zu erhöhen und die Produktivität zu steigern.

**Mitarbeiterpartizipationsprogramme.** Mitarbeiterpartizipationsprogramme oder „Employee Involvement Programs" sollen das Commitment der Mitarbeiter fördern, indem sie den Handlungsspielraum erweitern, mehr Kontrolle über die eigene Arbeit geben und damit das Gefühl erhöhen, am Erfolg des Unternehmens beteiligt zu sein. Die Einbeziehung der Mitarbeiter kann entweder formell versus informell (je nachdem ob offizielle Regelungen vorhanden sind oder nicht), direkt versus indirekt (direkte Teilnahme oder über Repräsentanten), lang- versus kurzfristig oder durch mehr oder weniger Einfluss (Teilnahme an Diskussionen, Teilnahme an Entscheidungen) charakterisiert sein. Folgende Kombinationsformen sind in der Praxis häufig anzutreffen (Drenth, Thierry und de Wolff, 1998):

- Partizipation bei Entscheidungen über die Arbeit selbst (formell, direkt und langfristig mit viel Einfluss seitens der Mitarbeiter; z. B. autonome Arbeitsgruppen),
- beratende Partizipation (formell, direkt und langfristig mit wenig Einfluss, z. B. Qualitätszirkel),
- projektbezogene Partizipation (formell, direkt, arbeitsorientiert mit viel Einfluss und kurzer Dauer),
- informelle Partizipation (informell, direkt, viel Einfluss),
- Mitarbeiter als Miteigentümer (formell, indirekt, vielfältig mit prinzipiell viel Einfluss),
- Partizipation über Repräsentanten (formell, indirekt, mit mittelmäßig bis wenig Einfluss; z. B. Gewerkschaften).

Merksatz

*Employee Involvement Programs* **sollen das Commitment der Mitarbeiter fördern.**

Partizipatives Management, „Empowerment" und die Einbindung von Mitarbeitern in Entscheidungsprozesse setzen aber zeitliche Ressourcen, Fähigkeiten (z. B. Wissen und Intelligenz) und eine diese Prozesse unterstützende Unternehmenskultur voraus.

Gründe für Unternehmen, Mitarbeiter in Entscheidungen einzubinden und damit auch Entscheidungsmacht zu teilen, sind nach Robbins (2001) auf folgende Punkte zurückzuführen:

- Die Aufgabenbereiche werden immer komplexer. Viele Manager wissen nicht mehr exakt über die vielfältigen Aufgaben ihrer Mitarbeiter Bescheid. Sie müssen daher die Experten des jeweiligen Aufgabenbereiches in Entscheidungen einbinden.
- Aufgaben werden häufiger in Kooperation mit anderen Abteilungen

und Gruppen bearbeitet. Gemeinsame Teambesprechungen sind erforderlich, um Strategien, Arbeitsabläufe und Vorgangsweisen zu besprechen, die alle betreffen. Die Beteiligung an Entscheidungen erhöht das Commitment für Ziele und Aufgaben.
– Intrinsische Motivation kann durch Partizipation gesteigert werden, da durch mehr Autonomie und Verantwortung, Transparenz und Rückmeldung die Arbeit interessanter und bedeutender wird.

Bei der praktischen Umsetzbarkeit von Mitarbeiterbeteiligungsmaßnahmen stellen sich Manager aber auch die Frage, welche Mitarbeiter durch einen partizipativen Managementstil motivierbar sind. Im folgenden Zitat wird die Meinung eines amerikanischen Managers wiedergegeben.

*"If this description fits an employee, use a more participative style.*
*– The employee seeks to fulfill many of his or her ego and psychological needs through expression at work.*
*– The employee has the necessary intelligence, education and experience to take on additional responsibilities.*
*– The employee is interested in having more of a say in matters that affect him or her on the job and wants to participate in decision-making with management.*
*– The employee does not feel anxious, uncomfortable, or insecure when faced with relatively unstructured and ill-defined work situations.*
*– The employee is sufficiently self-reliant and self-confident to not need close and supportive supervision from his or her supervisor.*
*– The employee identifies with the goals and objectives of the organization."*
(Quelle: Erwin Stanton, President, E.S. Stanton & Associates Personnel Journal [now Workforce], March 1983)

Auf Organisationsebene sind Beispiele für Mitarbeiterbeteiligungsmöglichkeiten etwa gewählte Betriebsräte, durch die Mitarbeiter indirekt Mitspracherecht an wichtigen Entscheidungen haben. Qualitätszirkel, aber auch die Aktienbeteiligung von Mitarbeitern sind Möglichkeiten, Mitarbeiter mit einzubeziehen:
(a) Qualitätszirkel: Qualitätszirkel waren in den 1980er Jahren in Europa und Nordamerika sowie in Japan weit verbreitet. Es handelt sich dabei um Arbeitsgruppen von acht bis zehn Mitarbeitern, die ent-

weder aus demselben Arbeitsbereich oder aus miteinander in Beziehung stehenden Bereichen kommen. Üblicherweise findet einmal in der Woche ein Treffen statt, bei dem Probleme identifiziert, analysiert und Vorgangsweisen für Lösungen diskutiert werden. Die Gruppe ist für die Lösung von Qualitätsproblemen selbst zuständig. Außerdem werden die eigenen Handlungen reflektiert und eventuell korrigiert. Das Management entscheidet aber darüber, ob die vorgeschlagenen Lösungen umgesetzt werden. Das Konzept des Qualitätszirkels beinhaltet auch die Schulung der Mitarbeiter in Bereichen wie Kommunikation, Problemanalyse und Qualitätsmanagement. Qualitätszirkel tragen laut zahlreicher Studien zur Steigerung der Produktivität bei, haben aber nur geringe Auswirkungen auf die Mitarbeiterzufriedenheit. Viele Programme wurden wegen mangelnden Erfolges wieder eingestellt. Als ein Grund für Misserfolge wurde angeführt, die Betriebsführung sei nicht vollständig von den Vorteilen überzeugt gewesen und habe die Zirkel und kreierten Ideen nur halbherzig ein- beziehungsweise umgesetzt und kaum die notwendigen Veränderungen zur Etablierung von Qualitätszirkeln durchgeführt.

Merksatz

**Qualitätszirkel tragen zur Steigerung der Produktivität bei, haben aber nur geringe Auswirkungen auf die Mitarbeiterzufriedenheit.**

(b) Aktienbeteiligung der Mitarbeiter oder „Employee Stock Ownership Plans" (ESOP): Unter dem Begriff „ESOP" ist eine Reihe von Methoden zusammengefasst, bei denen Mitarbeiter Aktien der eigenen Firma erwerben können. Üblicherweise werden die Aktien treuhändisch für die Mitarbeiter verwaltet und solange die Mitarbeiter im Unternehmen tätig sind, können sie über ihre Aktien nicht direkt verfügen oder sie verkaufen. Die Aktienbeteiligung von Mitarbeitern führt nicht nur zu höherer Arbeitszufriedenheit und Motivation, sondern auch zu höherer Produktivität. Positive Effekte sind dann zu erwarten, wenn die Mitarbeiter neben der Teilhaberschaft auch in betriebliche Entscheidungen eingebunden sind.

Merksatz

Die Aktienbeteiligung von Mitarbeitern führt zu höherer Arbeitszufriedenheit, Motivation und Produktivität.

### Arbeitsgestaltung durch Erweiterung des Handlungsspielraumes.

Die Beschäftigung mit Bedürfnisinhalten hat in der Arbeits- und Organisationspsychologie zur Erkenntnis geführt, dass Arbeit nicht nur
dazu dient, Geld zu verdienen, sondern dass soziale Bedürfnisse, Bedürfnisse nach Anerkennung, Einfluss und Selbstentfaltung befriedigt
werden müssen. Die Gestaltung der Arbeit nach tayloristischen Prin-
zipien (jede Tätigkeit wird in kleine Handlungsschritte zerlegt und
Mitarbeiter „erlernen" eine Tätigkeit und führen nur diese aus) hat
diesen Notwendigkeiten nicht Rechnung getragen. Deshalb wurden
erweiterte Handlungsspielräume und „psychologisch angereicherte"
Tätigkeiten reklamiert. *Job Enlargement, Job Rotation* und *Job Enrichment* werden als Gestaltungsformen proklamiert.

(a) *Job Enlargement* meint die Erweiterung des Aufgabenbereichs,
ohne dass den Mitarbeitern mehr Verantwortung übertragen wird.
Dies stellt einen der ersten modernen Ansätze zur Neugestaltung
von Arbeitstätigkeiten dar. Anstelle einer Routinetätigkeit werden
größere Tätigkeitseinheiten von einer Person verrichtet. Campion
und McClelland (1993, zitiert nach Greenberg und Baron, 2008)
untersuchten die Effektivität von Job Enlargement in einem großen Finanzdienstleistungsunternehmen. Vor der Aufgabenerwei-
terung verrichteten verschiedene Mitarbeiter getrennt voneinander
Papierarbeiten, wie etwa Dokumente vorbereiten, sortieren oder
kodieren. Diese verschiedenen Tätigkeiten wurden nach der Auf-
gabenerweiterung zusammengelegt und von einem Mitarbeiter
selbständig durchgeführt. Es war schwierig und teuer, die Mitarbeiter einzuschulen, aber die Veränderung wirkte sich positiv auf die
Zufriedenheit der Belegschaft aus. Fehler im Gesamtablauf konnten rechtzeitig erkannt und korrigiert werden. Dies führte unter
anderem auch zu einer höheren Kundenzufriedenheit. Allerdings
konnten diese positiven Effekte in einer späteren Nachfolgeuntersu-
chung im selben Unternehmen nicht mehr nachgewiesen werden.
Die Fehleranzahl erhöhte sich wieder und die Motivation der Mitarbeiter sank. Die positiven Effekte waren wahrscheinlich deshalb von
kurzer Dauer, weil auch die erweiterte Arbeit zur Routine geworden

war. Job Enlargement dürfte sich zwar positiv auf die Arbeitsleistung auswirken, der Effekt scheint aber flüchtig zu sein.

*Job Enlargement* meint die Erweiterung des Aufgabenbereichs, ohne dass den Mitarbeitern mehr Verantwortung übertragen wird.

(b) Bei *Job Rotation* wechseln die Mitarbeiter auf „horizontaler" Ebene ihren Arbeitsbereich. Diese Gestaltungsform hat besondere Vorteile für die Mitarbeiter und das Unternehmen. Mitarbeiter, die in verschiedenen Abteilungen gearbeitet haben, sammeln Erfahrungen, verbessern ihre Qualifikation und haben Chancen, ihre Fertigkeiten weiterzuentwickeln. Außerdem haben Personen, die an einem Rotationsprogramm teilnehmen, höhere Chancen, befördert zu werden und höhere Löhne zu verhandeln. Das Unternehmen profitiert von höher qualifizierten Mitarbeitern, die abteilungsübergreifend denken und handeln und in der Folge zu einer Optimierung der Arbeitsvorgänge beitragen können. Probleme des Job Rotation liegen in der Schwierigkeit der Realisierung und der mangelnden Flexibilität von Mitarbeitern.

*Job Rotation* meint den Wechsel des Arbeitsplatzes innerhalb des Betriebes.

(c) Mittels *Job Enrichment* wird nicht nur der Aufgabenbereich der einzelnen Mitarbeiter erweitert, es werden ihnen auch vollständige und verantwortungsvollere Aufgaben übertragen und sie erhalten zusätzlich Kontrolle darüber, wie sie ihre Arbeit ausführen. Während Job Enlargement und Job Rotation als horizontale Gestaltungsprogramme gesehen werden, wird Job Enrichment als vertikale Veränderung beschrieben. Eines der bestuntersuchten Programme zur Einführung von Job Enrichment war jenes des schwedischen Autoherstellers Volvo, das in teilautonomen Arbeitsgruppen realisiert wurde. Vor der Umstellung wurden Autos von 25 Gruppen zu je etwa 20 Arbeitern hergestellt, wobei jeder Mitarbeiter für einen Bereich des Produktes zuständig war. Die Arbeitsgruppen wurden neu gebildet und konnten nun ihre Arbeit frei planen, organisieren und kontrollieren. Das Programm war ein voller Erfolg, die Zufriedenheit der Mitarbeiter stieg deutlich an. Außerdem konnte eine Reduktion der Fehlzeiten festgestellt werden. Obwohl diese Methode nachweislich auch in anderen Firmen erfolgreich eingesetzt wurde, konnte sie sich in der Praxis nur begrenzt durchsetzen.

Ein großer Nachteil des Job Enrichment ist die Schwierigkeit der Realisierung in einem Unternehmen. Die Umstrukturierung der Arbeitsvorgänge kann umständlich und kostspielig sein. Hinzu kommt, dass es bei bestimmten technischen Aufgaben unpraktisch ist, Tätigkeiten komplexer zu gestalten. Ein weiteres Problem ist die mangelnde Akzeptanz unter den Mitarbeitern. Obwohl viele Arbeiter das Konzept gutheißen und davon profitieren, gibt es doch Menschen, welche die Vorteile von Verantwortung nicht sehen. Personen mit einer geringen Leistungsmotivation werden an „angereicherten" Arbeitsplätzen eher frustriert als motiviert. Ähnlich ergeht es jenen Personen, die sich an eine bestimmte Arbeitsweise gewöhnt haben und keine Veränderungen wollen. Personen mit höherem Affiliationsbedürfnis dürften die Arbeit in Gruppen als besonders anregend erleben.

> **Merksatz**
>
> *Job Enrichment* meint die Erweiterung des Aufgabenbereiches und der Eigenverantwortung der Mitarbeiter.

Richard Hackman und Greg Oldham (1980, zitiert nach Greenberg und Baron, 2008) gingen der Frage nach, was eine „gute" Arbeit ausmacht. Sie versuchen in ihrem „Job Characteristics Model" Möglichkeiten der Arbeitsgestaltung aufzuzeigen, um den Anreiz der Arbeit im Betrieb für Arbeitnehmer zu erhöhen. Nach der Motivationspotenzialformel (Formel 1) kann Arbeit so gestaltet werden, dass sie positiv auf die psychische Befindlichkeit und Arbeitsleistung wirkt. Unter dem Motivationspotenzial der Tätigkeit versteht man das Ausmaß der Motivation, die Mitarbeiter aus ihrer Arbeit schöpfen können.

Merksatz

Die Motivationspotenzialformel innerhalb des *Job Characteristics Model* ergründet, was eine „gute" Arbeit ausmacht.

Die Formel beinhaltet fünf „Kernvariablen":

(a) *Variabilität* beschreibt den Grad, zu dem eine Tätigkeit die Ausübung unterschiedlicher Fertigkeiten, Fähigkeiten oder Talente erfordert. Diese Tätigkeiten müssen nicht nur unterschiedlich, sondern verschieden genug sein, so dass unterschiedliche Fähigkeiten und Fertigkeiten für die Ausführung notwendig sind.

(b) *Ganzheitlichkeit* definiert das Ausmaß, zu dem eine Tätigkeit die Fertigstellung eines ganzen, identifizierbaren Teils einer Arbeit erfordert.

(c) *Bedeutung* bezieht sich auf die Wichtigkeit einer Tätigkeit und den Grad, zu dem eine Tätigkeit auch für das Leben anderer Personen, die unmittelbare Organisation und die Umwelt bedeutsam ist.

(d) *Autonomie* ist das Ausmaß, zu dem sich ein Arbeitnehmer die Zeit für die Erledigung der Arbeit frei einteilen kann und zu dem er bestimmen kann, welche Vorgangsweise er dafür wählen möchte.

(e) *Rückmeldung* ist der Grad, zu welchem eine Person Informationen über die Effektivität der eigenen Leistung erhält. Sie bezieht sich nicht nur auf die Rückmeldung eines Vorgesetzten, sondern auch auf die Möglichkeit, die Arbeitsergebnisse selbst beobachten zu können.

Diese Variablen determinieren drei „kritische psychische Zustände", welche sich auf die intrinsische Motivation auswirken (Abbildung 3).

Das Job Characteristics Model wurde in zahlreichen Studien überprüft und weitgehend bestätigt (siehe Greenberg und Baron, 2008). Arbeiten, die nach den Vorgaben des Modells neu gestaltet wurden, führten

Formel 1

$$\text{Motivationspotenzial} = \frac{\text{Vielseitigkeit} + \text{Ganzheitlichkeit} + \text{Bedeutung}}{3} \times \text{Rückmeldung} \times \text{Autonomie}$$

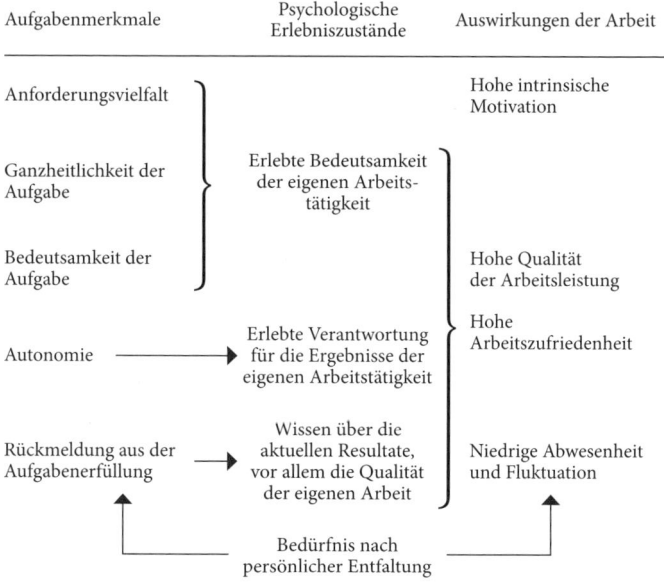

| Aufgabenmerkmale | Psychologische Erlebniszustände | Auswirkungen der Arbeit |
|---|---|---|

Abb. 3. *Job Characteristics Model* von Hackman und Oldham (1980)

bei den Mitarbeitern zu einer höheren intrinsischen Motivation und Zufriedenheit. Außerdem nahmen Fehlstunden und die Fluktuationsrate in Organisationen ab. Auf die Arbeitsleistung der Mitarbeiter hatten die Maßnahmen keinen direkt nachweisbaren Effekt.

Besondere Aufmerksamkeit muss der Wirkung von Rückmeldung zukommen: Wie Kluger und DeNisi (1996) in einer Metaanalyse feststellen, ist die Wirkung der Rückmeldung nicht eindeutig positiv. Bezüglich der Rückmeldung von Fehlern oder von guten Ausführungsschritten und bezüglich der Erfolgs- und Misserfolgsorientierung dürften individuelle Unterschiede zwischen Mitarbeitern existieren.

Der praktische Nutzen dieser Formel des Motivationspotenzials liegt in der Möglichkeit, Problemfelder für eine bestimmte Tätigkeit aufzuspüren. Dies eröffnet dann die Möglichkeit für Redesigns der Arbeit mit dem Ziel, Mängel in einer oder mehreren der fünf kritischen

Komponenten zu beseitigen. Die multiplikativen Komponenten implizieren, dass „Rückmeldung" und „Autonomie" die wichtigsten Ansatzpunkte der Arbeitsgestaltung sein müssen.

## Tipps zum Weiterlesen:

*Robbins, S. & Judge, T. (2008). Organizational Behavior (13th ed.) Prentice-Hall Upper Saddle River, NJ.*
Dieses leicht lesbare Buch gilt als amerikanisches Einführungslehrbuch beim Studium des menschlichen Verhaltens in Organisationen. Der Inhalt ist strukturiert nach individueller Ebene, Gruppen- und Organisationsebene. Kapitel 5 (Motivationskonzepte) und Kapitel 6 (von der Theorie zur Anwendung) bieten Einblick in zentrale psychologische Konzepte und deren praktische Anwendungen in Unternehmen. Es existiert eine Begleithomepage mit Beispielen, Tests, Diskussionsthemen usw.
[http://wps.prenhall.com/bp_robbins_eob_10/]

*Greenberg, J. & Baron, R. (2008). Behavior in Organizations (9th. ed.) Prentice Hall, Upper Saddle River, NJ.*
Das Lehrbuch umfasst, didaktisch gut aufbereitet, klassische Themen der Arbeits- und Organisationspsychologie mit relevanten Anwendungen zu theoretischen Konzepten. Kapitel 7 ist speziell für Motivation relevant. Es existiert eine Begleithomepage mit Übungen und Beispielen zu den Themen.
[http://cwx.prenhall.com/bookbind/pubbooks/greenberg_ca/chapter5/deluxe.html]

*Hackman, J. R. & Oldham, G. R. (1976). Motivation through the design of work: Test of a theory. Organizational Behavior and Human Performance, 15, 250–279.*
Dies ist der Originalartikel zur Entwicklung der Motivationspotenzialformel.

# 3

# Prozesstheorien

*Die Prozesstheorien der Motivation befassen sich im Gegensatz zu den Inhaltstheorien nicht mit dem Motivinhalt, sondern mit der Auswahl einer Handlungsalternative, mit deren Durchführung und der Bewertung des Ergebnisses durch eine Person. Nach dem Rubikon-Modell kann der Handlungsantriebsverlauf beziehungsweise der Handlungsverlauf in vier Segmente der Motivation und Volition geteilt werden. Er beginnt in chronologischer Folge mit den Wünschen einer Person und endet mit der Bewertung des jeweils erreichten Handlungsziels. Die Entscheidung für eine bestimmte Handlungsalternative (prädezisionale Phase) wird u. a. von Vroom in seiner Valenz-Instrumentalitäts-Erwartungs-Theorie (V-I-E-Theorie) in den Blick genommen. Die Zielsetzungstheorie von Locke und Latham beschäftigt sich mit der Wirkung expliziter Ziele auf die Arbeitsleistung (präaktionale Phase). Die Theorie der Handlungskontrolle von Kuhl soll erklären, warum Menschen eine einmal gewählte Handlung trotz konkurrierender Zielalternativen und somit Handlungsalternativen bis zur Erreichung des Zieles fortsetzen. Prozesse der Selbstregulation unterstützen dabei, ein Ziel über einen längeren Zeitraum und wechselnde Voraussetzungen hinweg zu verfolgen (aktionale Phase). Die Ergebnisse der erfolgreichen oder fehlgeschlagenen Handlung werden im Anschluss einer Bewertung unterzogen (postaktionale Phase). Wichtige Kriterien in diesem Zusammenhang sind die Ursachenklärung in Form der Kausalattribution und das Verhältnis Aufwandkosten–Belohnung in Form der Verfahrensgerechtigkeit und der Verteilungsgerechtigkeit.*

## Das Rubikon-Modell

Das derzeit wohl kompletteste Modell zur Motivation wurde von Heckhausen (1989) formuliert und als Rubikon-Modell bezeichnet. Im

Folgenden wird dieses Modell basierend auf der Darstellung von Nerdinger (1995) wiedergegeben.

*„Rubico, kleiner italienischer Fluss zwischen Bologna und Rimini. In der Antike Grenzfluss zwischen Italien und der römischen Provinz Gallia cisalpina (Poebene), mit dessen Überschreiten Cäsar 49 vor Christus den Bürgerkrieg gegen Pompejus eröffnete. Deshalb bedeutet ‚den Rubikon überschreiten‘, eine wichtige Entscheidung getroffen zu haben."*
(Neues Lexikon in Farbe, 1978, S. 534)

Nach Heckhausen kann der Handlungsantriebsverlauf beziehungsweise der Handlungsverlauf in vier Segmente der Motivation und Volition geteilt werden. Volition kann als Wille zur Überwindung von Handlungsbarrieren gesehen werden. In diesem Modell (Abbildung 4, detailliert Abbildung 5), das im Folgenden als Rahmen für die Diskussion weiterer Motivationstheorien herangezogen wird, ist zwischen vier Phasen zu unterscheiden (Heckhausen und Heckhausen, 2006):

(a) Motivation in der *prädezisionalen Phase* ist durch das Wählen charakterisiert. Diese Phase ist durch Wünschen und Abwägen gekennzeichnet. Motive wirken als sprudelnde Quelle der Wunschproduktion. Weil nicht alle Wünsche realisiert werden können, muss eine Auswahl getroffen werden. Weil Menschen hedonistisch sind, sind sie bestrebt, das zu tun, was ihren Nutzen (ihre Ziele) zu maximieren verspricht. Nach entsprechendem Abwägen wird eine Handlungsalternative ausgewählt und damit eine Tendenz zur Handlung begründet. Dieser Phase können die Erwartungs-mal-Wert-Theorien, das Modell der Risikowahl und die V-I-E-Theorie zugeordnet werden, die im Folgenden ausführlich diskutiert werden.

(b) Volition in der *präaktionalen Phase* ist durch Zielsetzung charakterisiert. Nachdem ein Ziel ausgewählt wurde, wird die Intention gebildet, dieses auch zu erreichen. Das Ziel und dessen Realisierung werden gewollt. Die Handlungen zur Realisierung werden vorbereitet und durch den Willen gesteuert. Dieser Prozess wird Volition genannt. Zielintentionen werden nicht immer unverzüglich realisiert, sondern je nach Günstigkeit der Situation. In dieser Phase kommt der Zielsetzung besondere Bedeutung zu.

(c) Volition in der *aktionalen Phase* ist durch Handeln charakterisiert. Wenn sich eine günstige Gelegenheit zur Realisierung einer Zielintention bietet, dann werden zielführende Handlungen in Angriff

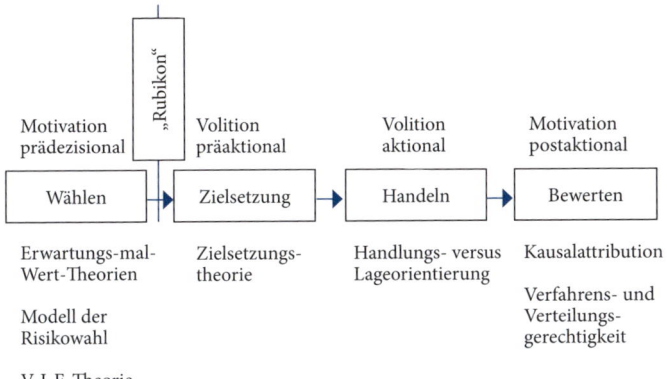

Abb. 4. Handlungsphasen im Rubikon-Modell und relevante Theorien

genommen. Der Übergang in die aktionale Volitionsphase ist vollzogen. Damit bei konkurrierenden Intentionen eine entsprechende Intention zur Ausführung kommt, ist Handlungskontrolle relevant (Kuhl, 1983). Innerhalb dieser Phase wird im Folgenden das Modell der Handlungs- versus Lageorientierung diskutiert.

(d) Motivation in der *postaktionalen Phase* ist durch Attribuierung und Bewertung charakterisiert. Nach Abschluss einer Handlung werden die Handlungsergebnisse bewertet. Die Bewertung determiniert die Wahl und Ausführung zukünftiger Handlungen. Psychologische Aspekte der Bewertung beziehen sich vor allem auf die Gerechtigkeitswahrnehmung. Gerechtigkeitstheorien beschäftigen sich einerseits mit der fairen Verteilung von Ressourcen und andererseits mit der Fairness der Prozedur oder des Verfahrens, das der Verteilung zugrunde liegt. Innerhalb dieser Phase werden im Folgenden die Theorien über Kausalattribution und Gerechtigkeit (Verfahrens- und Verteilungsgerechtigkeit) ausgeführt.

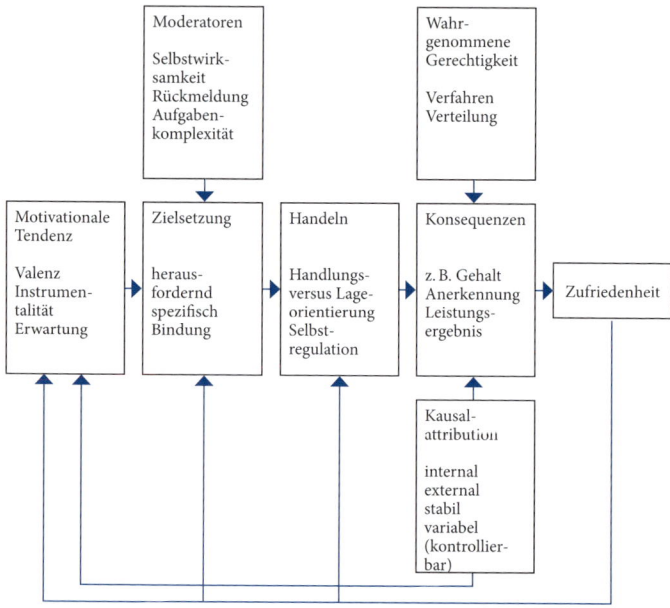

Abb. 5. Zusammenfassung des Regelkreises der Motivation (Nerdinger, 1995, S. 168)

## Prädezisionale Phase – Wählen: Erwartungs-mal-Wert-Theorien

Die erste Phase des Motivationsmodells ist durch Wünschen und Abwägen gekennzeichnet. Aus einer Serie von Handlungsalternativen muss eine ausgewählt werden, was nicht selten eine „Qual der Wahl" bedeutet. Die Auswahl ist oft quälend, weil auf den Nutzen jener Alternativen, die zurückgewiesen werden, verzichtet werden muss. Die Auswahl von Handlungsalternativen wird in der Arbeits- und Organisationspsychologie häufig in sogenannten Erwartungs-mal-Wert-Theorien modelliert.

Merksatz

**Grundidee der Erwartungs-mal-Wert-Theorien ist die Annahme, dass eine Person jene Alternative wählt, die ihr am liebsten ist.**

Die Grundidee der Erwartungs-mal-Wert-Theorien basiert auf dem Nutzenmaximierungsmodell der Ökonomie: Eine Person wählt aus einem Set von Alternativen jene aus, die am attraktivsten ist, den höchsten Gewinn bringt (= Attraktivität A). Dies ist jene Alternative, bei der das Produkt der Wahrscheinlichkeit eines bestimmten Ergebnisses (= Erwartung E) und der Wertschätzung des Ergebnisses (= Wert W) am höchsten ist (Formel 2).

Formel 2
$$A = E \times W$$

Begriffsklärungen: Unter „Wert" wird in der Ökonomie der Nutzen oder Gewinn verstanden. Der Wert eines Objektes ist durch die Folgen und die dadurch vermittelten Gefühle der Lust oder Unlust definiert. Weil der Wertbegriff oft unklar ist und sich auf Handlungsziele oder die Handlungssteuerung beziehen kann, wird häufig von der Valenz eines Ergebnisses gesprochen. „Erwartung" meint die subjektive Einschätzung des Zusammenhanges zwischen einer Handlung und einem Ziel. Die Erwartung bedeutet den Mittel-Zweck-Bezug oder die subjektive Einschätzung der Wahrscheinlichkeit, mit der eine Handlung zu einem Ziel führt. Die multiplikative Verknüpfung $E \times W$ stellt das hedonistische Prinzip der Nutzenmaximierung her: Ein Ziel mit hohem Wert, das auch erreichbar ist, ist besonders attraktiv. Auf ein wertvolles Ziel könnte aber deshalb verzichtet werden, weil die Wahrscheinlichkeit, es zu erreichen, als gering eingeschätzt wird. Ein besonders wertvolles, aber unwahrscheinliches Ziel wird oft nicht angepeilt, wenn ein befriedigendes Ziel sicher erreichbar ist: „Der Spatz in der Hand ist (manchmal) besser als die Taube am Dach." Ein einfaches Beispiel aus dem Arbeitsalltag soll die grundlegenden Zusammenhänge in dieser Theorie veranschaulichen (Bosetzky und Heinrich, 1994):

*Fritz P. sitzt an seinem Schreibtisch und bilanziert im Sinne der Erwartungs-mal-Wert-Theorie: „Wenn ich mich jetzt anstrenge und die mir übertragene besondere Arbeit mit Einsatz und Bravour erledige, dann*

- *steigt mein Ansehen beim Chef, der mich fortan für tüchtig halten und mich daher schonen wird (W+, E+),*
- *kann ich eventuell etwas eher mit der nächsten Beförderung rechnen (W+, E–),*
- *wird vielleicht die nette neue Sekretärin auf mich aufmerksam (W+, E+/–),*
- *werden möglicherweise die Kollegen anfangen, mir aus dem Weg zu gehen, weil sie mich für einen Streber halten (W–, E+/–),*
- *werde ich auf alle Fälle mehr arbeiten müssen, als mir recht und lieb ist (W–, E+),*
- *wird meine Familie protestieren, weil ich später nach Hause komme (W–, E+),*
- *werde ich morgen keinen Schilling mehr in der Tasche haben als gestern und heute (W–, E–)."*

*Fazit: „Soll der Chef sich einen anderen suchen, auf den er stolz sein kann …"*

*Legende:*
*W+ = Ergebnis erwünscht*
*+/– =Ergebnis tritt eventuell ein*
*W– = Ergebnis unerwünscht*
*E– = Ergebnis tritt wahrscheinlich nicht ein*
*E+ = Ergebnis tritt sicher ein*

**Das Modell der Risikowahl.** Im Jahre 1957 veröffentlichte John W. Atkinson einen Aufsatz über motivationale Determination bei der Wahl von Aufgaben unterschiedlicher Schwierigkeit. Obwohl Atkinson ein Modell zur Erklärung der Wahl von Anspruchsniveaus bei Leistungsaufgaben entwickelte – das „Modell der Risikowahl" –, wurde das Konzept lange Zeit als die Theorie der Motivation schlechthin gefeiert. Man setzte Motivation mit der Wahl einer Handlungsalternative gleich und vernachlässigte die Intensität, Richtung und Ausdauer des Handelns.

Das Modell der Risikowahl geht vom Ergebnis von Leistungshandlungen aus. Jede Handlung kann zu Erfolg und Stolz oder Misserfolg und Scham führen. In weiterer Konsequenz können sich entweder Hoffnung auf Erfolg oder Furcht vor Misserfolg als Grundhaltungen festigen (McClelland, 1971). Die Stärke der antizipierten Gefühle von

Stolz oder Scham entscheidet darüber, ob ein Individuum eine Handlung in Angriff nimmt oder nicht. Nach Atkinson ist Leistungsmotivation eine resultierende Tendenz eines emotionalen Konfliktes zwischen der Hoffnung auf Erfolg und der Furcht vor Misserfolg.

Die Tendenz einer Person, Erfolg anzustreben ($T_e$), konzipiert Atkinson ganz im Sinne des Erwartungs-mal-Wert-Ansatzes als Produkt der Valenz des Erfolges ($V_e$) und der subjektiven Wahrscheinlichkeit, dass bei der Erledigung einer Aufgabe Erfolg eintreten wird ($W_e$). Nachdem die Valenz eines Ergebnisses sowohl vom Erfolgsmotiv ($M_e$) der Person als auch von der Situation, dem Anreiz des Ergebnisses der Handlung ($A_e$), abhängt, kann die Tendenz, Erfolg anzustreben, wie folgt beschrieben werden (Formel 3).

Formel 3 $\boxed{T_e = M_e \times A_e \times W_e}$

Analog zur Tendenz, Erfolg anzustreben, wird die Tendenz, Misserfolg zu meiden, formuliert – so wie angenommen wird, dass in schwierigen Situationen der Anreiz von Erfolg größer ist als in leichten. Umgekehrt nimmt man an, dass der negative Anreizwert von Misserfolg, der Scham auslöst, größer ist, wenn die Aufgabe leicht ist. Je geringer die Wahrscheinlichkeit, Misserfolg zu erleben, desto größer der negative Anreizwert und desto größer die Scham bei Eintritt von Misserfolg. Jede Aufgabe beinhaltet eine gewisse Erfolgs- und Misserfolgswahrscheinlichkeit mit der Furcht vor Versagen. Die Misserfolgserwartung ist dabei spiegelbildlich zur Erfolgserwartung: Die Erwartung, erfolglos zu sein, ist groß, wenn die Erfolgserwartung klein ist, und umgekehrt.

Nach Atkinson sollten bei überwiegender Motivation, Misserfolg zu vermeiden, Leistungsaufgaben gemieden werden, es sei denn, extrinsische Motivationsfaktoren wie Geld, Anerkennung, Macht etc. sind hoch. Werden Personen, die Misserfolg scheuen, gedrängt, Aufgaben trotzdem zu übernehmen, so wählen sie entweder leichte Aufgaben, die sie so gut wie sicher erfolgreich schaffen, oder sehr schwierige Aufgaben, die wahrscheinlich nicht erledigt werden können, aber die Begründung, die Aufgabe wäre eben zu schwierig, zulassen. Aufgaben mittlerer Schwierigkeit werden eher gemieden. Umgekehrt sollten erfolgsmotivierte Personen Aufgaben mittlerer Schwierigkeit wählen, denn der Anreiz einer Aufgabe ist besonders groß, wenn eine Lösung möglich ist und nicht Glück, sondern die eigenen Fähigkeiten dafür verantwortlich gemacht werden können.

Das Modell der Risikowahl von Atkinson besagt u. a., dass maximales Risiko maximalen Stolz bei Erfolg bedeutet.

Dass erfolgsmotivierte Personen tatsächlich Aufgaben mittlerer Schwierigkeit bevorzugen, konnte empirisch bestätigt werden (siehe dazu Heckhausen und Heckhausen, 2006). Allerdings werden etwas leichtere als exakt mittelschwere Aufgaben ausgewählt. In empirischen Studien wurde auch nachgewiesen, dass misserfolgsorientierte Personen nicht generell Aufgaben extremer Leichtigkeit oder Schwierigkeit bevorzugen, sondern ihre Präferenzen breit streuen. Misserfolgsorientierte Personen wählen also seltener als erfolgsmotivierte Personen mittelschwere Aufgaben.

Welche Bedeutung hat das Modell der Risikowahl für die Arbeitswelt? Erfolg wird subjektiv definiert und Personen unterscheiden sich in der Herangehensweise an Leistungssituationen. Während Personen mit Hoffnung auf Erfolg den Erfolg aktiv suchen, streben Mitarbeiter mit Furcht vor Misserfolg in erster Linie danach, Misserfolge zu vermeiden. Diese Erkenntnis ist beispielsweise bei Zielvereinbarungen in Mitarbeitergesprächen wichtig (Nerdinger, 1993). Dabei sollen Führungskräfte den Mitarbeitern Rückmeldung über deren Leistung und Verhalten geben, gemeinsam Stärken und Schwächen herausarbeiten und Ziele für eine definierte Zeitspanne festlegen. Nach der Theorie der Risikowahl ist zu erwarten, dass Personen mit Furcht vor Misserfolg Aufgaben mit mittlerer Schwierigkeit eher meiden. Vorgesetzte, welche die Mechanismen der Aufgabenwahl kennen, können versuchen, die Aufmerksamkeit auf anspruchsvolle Aufgaben zu lenken und Realisierungsmöglichkeiten aufzuzeigen. Auf diese Weise wird misserfolgsorientierten Personen die Möglichkeit eröffnet, die Genugtuung von Erfolg zu erfahren und in weiterer Konsequenz ihre Furcht vor Misserfolg abzubauen. Durch systematische Rückmeldungen über erfolgreiche Aufgabenerledigung können Selbstvertrauen und das Gefühl der Selbstwirksamkeit gesteigert werden.

**Die Valenz-Instrumentalitäts-Erwartungs-Theorie.** Die Forschungsarbeiten zum Modell der Risikowahl waren bis in die 1970er Jahre intensiv. Dann begann Vroom auf der Basis des Modells ein Konzept zu entwickeln, das die Grundlagenforschung und wirtschaftspsychologische Praxis nachhaltig beeinflusst hat. Vroom (1964) versucht in seiner Valenz-Instrumentalitäts-Erwartungs-Theorie (V-I-E-Theorie) verschiedene Motivationsvariablen zu verknüpfen und Fragen zur Präferenz für bestimmte Arbeitstätigkeiten, zur Zufriedenheit mit den Tätigkeiten und zu Leistungsunterschieden zu beantworten.

**Merksatz**

**Die Valenz-Instrumentalitäts-Erwartungs-Theorie nach Vroom verknüpft verschiedene Motivationsvariablen.**

Die Tendenz und Stärke eines bestimmten Verhaltens ist abhängig von der Meinung, dass das Verhalten zu einem bestimmten Ergebnis führt, sowie von der Attraktivität dieses Ergebnisses. Mitarbeiter werden motiviert sein und große Anstrengungen setzen, wenn sie überzeugt sind, dass ihr Aufwand gewürdigt wird und zu Belohnungen führt, wie etwa einer Gehaltserhöhung oder einer Beförderung. Nachdem die Mitarbeiter unterschiedliche Bedürfnisse haben, sollten Führungskräfte und Unternehmer die Ziele und Bedürfnisse ihrer Mitarbeiter kennen, um optimale Anreize zu setzen.

Das Kernstück der Instrumentalitäts- oder V-I-E-Theorie bilden die Konzepte der Valenz, Instrumentalität und Erwartung, die folgendermaßen definiert sind:

(a) *Valenz* ist der subjektive intrinsische Wert oder die Anziehungskraft von bestimmten Handlungsergebnissen. Beispielsweise könnte der Wert des Ergebnisses „Lohn" oder „Geld" für eine bestimmte Person hoch oder relativ niedrig sein. Zu unterscheiden sind Valenzen von (1) Handlungen und (2) Handlungsergebnissen. Ein bestimmtes Ergebnis, etwa eine besondere Arbeitsleistung, mag deshalb wertvoll erscheinen, weil ein weiteres Ergebnis, zum Beispiel eine Lohnerhöhung, davon abhängt, welches als besonders wertvoll erlebt wird.

(b) *Instrumentalität* meint die Verknüpfungsart der mehr oder weniger wertvollen Handlungsergebnisse. Beispielsweise könnte eine Person annehmen, eine qualitativ hervorragende Leistung würde mit Sicherheit zu einem hohen Lohn führen. Die Instrumentalität von Ergebnissen variiert von –1 bis +1, wobei -1 bedeutet, dass eine Handlung oder ein Mittel mit Sicherheit die Zielerreichung verhindert, und ein Wert von +1 zwangsläufige Zielerreichung angibt.

(c) Die *Erwartung* bezieht sich auf die Beurteilung der Ausführbarkeit von Handlungen. Personen könnten meinen, ein bestimmtes Handlungsergebnis, zum Beispiel Leistung, hätte ein wertvolles Ziel zur Folge, beispielsweise eine Lohnerhöhung oder Beförderung. Allerdings könnte die Befürchtung bestehen, die Leistung nicht erbringen zu können, oder aktuelle Umstände würden eine erfolgreiche Leistung nicht zulassen. Die Erwartung variiert von unausführbar bis zu sicher ausführbar oder von 0 bis +1.

Zwischen den drei Größen bestehen folgende Beziehungen: Die Erwartung bezeichnet die subjektive Wahrscheinlichkeit, dass eine Handlung ausgeführt werden kann. So sollte beispielsweise die Erwartung, dass eine hohe Anstrengung zu einer hohen Leistung führt, dann hoch sein, wenn eine Arbeit weitgehend selbstbestimmt ausgeführt werden kann, d. h., unabhängig von äußeren Einflüssen ist, und wenn Mitarbeiter überzeugt sind, über die für die Ausführung notwendigen Fähigkeiten und Fertigkeiten zu verfügen. Ein Handlungsergebnis (Valenz j) kann in bestimmter Beziehung zu angestrebten Folgen dieses Ergebnisses (Valenz k, … n) stehen. So wird etwa unter Akkordbedingungen gewöhnlich hohe Leistung zu höherem Einkommen führen. Im Falle der Gewissheit, dass höhere Leistung über höhere Produktivität zu höherem Einkommen führt, ergibt sich ein Wert der Instrumentalität von +1. Eine andere Konsequenz hoher Leistung könnte die Beeinträchtigung der Gesundheit darstellen, d. h., für „Gesundheit" könnte eine negative Instrumentalität wahrgenommen werden. In diesem Falle würde die Gewissheit über die gesundheitsschädigenden Folgen einer hohen Leistung zu einem Instrumentalitätswert der Arbeit in Bezug auf die Gesundheit von −1 führen. Führt ein Handlungsergebnis mit ziemlicher Sicherheit (positive Instrumentalitätswerte) zu einer bestimmten Handlungsergebnisfolge, die negativ bewertet wird (negative Valenzen k, … n), dann entsteht durch die Multiplikation ein negativer Wert, d. h., das Handlungsergebnis erhält eine negative Valenz.

Auf der Basis dieser Annahmen (Formel 4) prognostiziert Vroom, welche Handlung eine Person wählt. Die Ergebnisse verschiedener Handlungen werden antizipiert und die Valenzen verschiedener Handlungsergebnisse errechnet. Handelt es sich beispielsweise um verschiedene Arbeitstätigkeiten, dann kann auf diesem Wege die Präferenz für eine bestimmte Tätigkeit ermittelt werden. Ganz im Sinne des Modells der Nutzenmaximierung sollte die Tätigkeit mit der höchsten Valenz gewählt werden.

Um auch zu wissen, wie sehr sich Mitarbeiter bei der Ausführung einer Tätigkeit anstrengen und warum Unterschiede in der Leistung zwischen Mitarbeitern bestehen, muss als weitere Information die Erwartung, dass eine Handlung zu dem erwünschten Handlungsergebnis führt, berücksichtigt werden. Aus der multiplikativen Verknüpfung zwischen Erwartung und errechneter Valenz des Handlungsergebnisses ergibt sich ein Maß der Anstrengung, das Vroom in Anlehnung an Kurt Lewin als psychologische Kraft oder „force" (F) bezeichnet. Diese wird gewöhnlich als „Kraft" übersetzt und gibt über die Höhe des Anspruchsniveaus Auskunft.

> Merksatz
>
> **Aus der multiplikativen Verknüpfung zwischen Erwartung und errechneter Valenz des Handlungsergebnisses ergibt sich ein Maß der Anstrengung, das über die Höhe des Anspruchsniveaus informiert.**

Ein hohes Anspruchsniveau wird gewählt, wenn ein Handlungsergebnis eine hohe Valenz aufweist und die subjektive Wahrscheinlichkeit, die Handlung erfolgreich auszuführen, ebenfalls hoch ist. Hat beispielsweise ein Handlungsergebnis eine positive Valenz aufgrund seiner instrumentellen Verbindung zu geschätzten Handlungsergebnisfolgen und glaubt ein Arbeitnehmer, dass er durch hohe Anstrengung eine hohe Leistungsmenge erzielen kann, dann sollte er nach diesem Modell ein hohes Anspruchsniveau wählen und hohe Kraft bei der Realisierung der Aufgabe aufwenden. Aufgrund der multiplikativen Verknüpfung zwischen den Variablen sagt das Modell aber auch voraus, dass dann eine Handlung unterlassen wird, wenn kein Zusammenhang zwischen hoher Anstrengung und beliebig hoch geschätzten Handlungsergebnissen wahrgenommen wird, wenn also die Erwartung um 0 liegt (Formel 4).

Formel 4
$$V_j = f\left[\sum_{k=1}^{n} (V_k \times I_{jk})\right]$$

Setzt man beispielsweise Lohn als Motivationsanreiz für hohe Arbeitsleistung ein, muss sichergestellt werden, dass Arbeitskräfte Geld besonders hoch schätzen. Nach Vroom (1964) müsste dann ein Motivationsprozess ablaufen, der anhand der Formeln 4 und 5 beschrieben
werden kann:

Die Valenz des Handlungsergebnisses $V_j$ (beispielsweise hohe Leistung) ist eine Funktion des Wertes der k Handlungsergebnisfolgen $V_k$
(beispielsweise höherer Lohn, Anerkennung, Beförderung, gesund-
heitliches Risiko), multipliziert mit den wahrgenommenen Instrumen-
talitäten des Handlungsergebnisses $V_j$ zur Realisierung der k Handlungsergebnisfolgen $V_k$. Je wahrscheinlicher eine Leistung zu einer
Lohnerhöhung führt, Lob einbringt etc. und je wertvoller ein hoher
Lohn oder Lob sind und je geringer negativ bewertete Folgen sind,
umso wertvoller erscheint eine hohe Leistung (Formel 4).

Eine hohe Leistung könnte aber schwer zu erbringen sein und nicht
nur von der Anstrengung, sondern auch von bestimmten Fähigkeiten
und situativen Umständen abhängen. Das Bestreben, die Anstrengung
oder die Motivation $F_i$, eine hohe Leistung zu erbringen, ist umso höher, je wertvoller das Handlungsergebnis $V_j$ (Formel 4) erscheint und
je größer die subjektive Erwartung $E_{ij}$ ist, die Leistung aufgrund der
Handlung und der verschiedenen Voraussetzungen, Fähigkeiten und
situativen Umstände auch erbringen zu können (Formel 5).

Formel 5

$$F_i = f \left[ \sum_{j=1}^{n} (E_{ij} \times V_j) \right]$$

Nach Heckhausen und Heckhausen (2006, S. 138) lässt sich der Zusammenhang der verschiedenen Variablen grafisch wie in Abbildung 6
zusammenfassen.

Welche praktischen Konsequenzen ergeben sich aus dem Modell?
Das Modell von Vroom (1964) gibt vor allem Handlungsanweisungen
für Fragen der Personalforschung (Fröhlich und Gieffers, 1989, zitiert
nach Nerdinger, 1995). Das Modell kann als Basis für die Konstruktion
von Messinstrumenten dienen, um die Arbeitszufriedenheit und die
motivationale Tendenz von Personen zu erfassen. Die auf diese Weise
gewonnenen Ergebnisse können für Organisationsentwicklungsmaß-
nahmen verwendet werden, wenn die Ergebnisse an die Mitarbeiter
nach der Survey-Feedback-Methode (Gebert und Rosenstiel, 1992)

Handlung i      Handlungsergebnis j      Handlungsergebnisfolgen k bis n

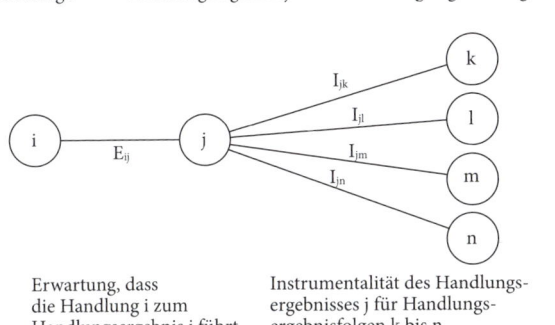

Erwartung, dass
die Handlung i zum
Handlungsergebnis j führt

Instrumentalität des Handlungsergebnisses j für Handlungsergebnisfolgen k bis n

Abb. 6. V-I-E-Theorie nach der Darstellung von Heckhausen und Heckhausen (2006, S. 138)

zurückgemeldet und wenn von den Betroffenen unter Anleitung von Beratern gemeinsam Änderungsmaßnahmen beschlossen werden.

**Kritik an der Valenz-Instrumentalitäts-Erwartungs-Theorie.** Das Modell von Vroom wurde gefeiert, aber auch kritisiert. Vor allem aus methodischer Sicht ergeben sich Kritikpunkte. Die multiplikative Verknüpfung der Variablen würde Unabhängigkeit der Variablen voraussetzen. Außerdem fordert die Multiplikation messtheoretisch ein Rationalskalenniveau (ein absoluter Nullpunkt ist vorhanden, z.B. Zeit- und Raummaße). Allerdings kann die Forderung empirisch durch eine additive oder regressionsanalytische Verknüpfung der Variablen umgangen werden, wobei sich in verschiedenen Untersuchungen zeigt, dass auf diesem Wege bessere Prognosen erzielt werden als durch multiplikative Verknüpfung der Variablen.

Trotz des für psychologische Theorien guten empirischen Bestätigungsgrades fehlt es nicht an Versuchen, durch die zusätzliche Berücksichtigung weiterer Variablen die Erklärungskraft des Modells zu erhöhen. So hat beispielsweise die Tatsache, dass Vroom dem Handlungsergebnis selbst keine eigenständige Valenz zugesteht, zur Erweiterung des Modells um die Variable „intrinsische Valenz" (Graen, 1969) geführt. Da eine solche Größe nicht logisch in das Modell integrierbar ist, wird sie einfach im Sinne einer weiteren, additiv verrechneten Determinante der Wahlentscheidung konzipiert. Ebenso verfahren Porter und Lawler (1968), die unter anderem Fähigkeiten und Persönlichkeitsmerkmale sowie die Wahrnehmung der beruflichen Rolle in ihrem Modell berücksichtigen.

Wiswede (2007) stellt ein Modell vor, das zusätzlich soziale Normen und Gruppendruck beinhaltet. Nach Wiswede (2007, S. 208 ff.) ist das Arbeitsverhalten außer von der Valenz eines Ergebnisses auch von einer Vielzahl von Erwartungen abhängig: von internen Effizienzerwartungen, von Konsequenzerwartungen, den wahrgenommenen Normen und Rollenzwängen und der Neigung, diesen sozialen Erwartungen zu entsprechen. Personen überlegen, ob sie eine Leistung schaffen können (Effizienzerwartung), was die Leistung bringt (Konsequenzerwartung) und was andere Personen in der aktuellen Situation und Position erwarten (soziale Erwartungen). Weiters ist das Arbeitsverhalten oder die Leistung von individuellen Fähigkeiten und der Situation abhängig. Deshalb schlägt Vroom neben dem Valenzmodell, der Konzeptualisierung der Bewertung einer Handlung aufgrund ihrer Instrumentalität, wünschenswerte Handlungsergebnisfolgen zu erzielen, und dem Handlungsmodell, das die Anstrengung aufgrund der Erwartung, eine Handlung ausführen zu können, und die Valenz der Handlung betrifft, auch ein Ausführungsmodell vor, in welchem die psychologische Kraft (F) mit der Fähigkeit der Mitarbeiter verknüpft wird (Formel 6).

Formel 6

$$\text{Handlungsergebnis} = f\,(\text{Fähigkeit}) \times F_i =$$
$$= f\,(\text{Fähigkeit}) \times \left[\sum_{j=1}^{n} (E_{ij} \times V_j)\right]$$

**Merksatz**

**Vroom schlägt neben dem Valenz- und Handlungsmodell ein Ausführungsmodell vor.**

Zusammenfassend stellen Heckhausen und Heckhausen (2006, S. 138) Vrooms Theorie als Prozessmodell wie in Abbildung 7 dar.

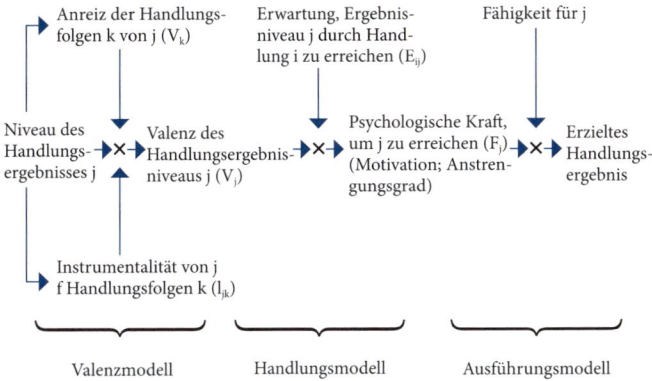

Abb. 7. Prozessmodell der Instrumentalitätstheorie von Vroom (Heckhausen und Heckhausen, 2006, S. 138)

**Erweitertes kognitives Motivationsmodell.** Heckhausen (1977, zitiert nach Heckhausen und Heckhausen, 2006) postuliert ein erweitertes Motivationsmodell und berücksichtigt zusätzlich zu den Variablen im Modell von Vroom die Situation, in der eine Entscheidung getroffen wird.

Merksatz

**Heckhausens erweitertes kognitives Motivationsmodell berücksichtigt zusätzlich die Situation, in der eine Entscheidung getroffen wird.**

Das Modell ist in vier Ereignisstadien gegliedert: die Situation, die Handlung, das Ergebnis und die Folgen (Abbildung 8). Heckhausen unterscheidet vier verschiedene Arten der Erwartung und drei verschiedene Valenzen:

- S→E-Erwartungen oder Situations-Ergebnis-Erwartungen beziehen sich auf die subjektive Wahrscheinlichkeit, mit der sich in einer Situation ohne eigenes Zutun ein Ergebnis einstellt. S-E-Erwartungen wurden lange vernachlässigt und beziehen sich auf die bedingte Grundwahrscheinlichkeit zukünftiger Ergebnisse. Dies sind

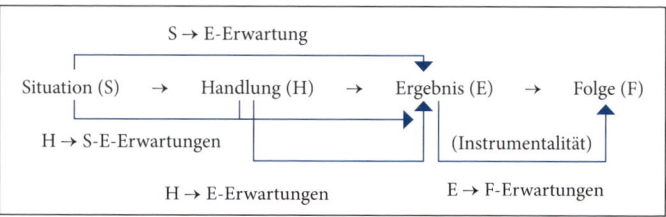

Abb. 8. Arten von Erwartungen im Motivationsprozess (nach Heckhausen und Heckhausen, 2006, S. 339: veränderte Darstellung)

Erfahrungen mit verschiedenen Situationen, welche die Basis für jede neue Situationsbeurteilung darstellen.

– H→E-Erwartungen oder Handlungs-Ergebnis-Erwartungen, die häufig in der Literatur beachtet wurden, beziehen sich auf die subjektive Wahrscheinlichkeit, mit der eigene Handlungen zu einem bestimmten Ergebnis führen.

– H→S-E-Erwartungen oder Handlungs-bei-Situation-Ergebnis-Erwartungen beziehen sich auf die subjektive Wahrscheinlichkeit, mit der situative Bedingungen die Kontingenz zwischen Handlung und einem Ergebnis bedingen. Eine bestimmte Situation kann zu hoher oder geringer Erwartung führen, dass eine Handlung ein bestimmtes Ergebnis zur Folge hat.

– E→F-Erwartungen oder Ergebnis-Folge-Erwartungen beziehen sich auf die Erwartung, dass ein bestimmtes Handlungsergebnis bestimmte Folgen nach sich zieht. Dies entspricht der Instrumentalität im Konzept von Vroom.

Die Erwartungsarten beruhen auf Kausalattribuierungen des Ergebnisses. Die Situations-Ergebnis-Erwartung und die Handlungs-bei-Situation-Ergebnis-Erwartung beruhen auf der Überzeugung, dass externale Ursachen verantwortlich sind, wie beispielsweise die Unterstützung oder Behinderung durch andere oder Zufall, nicht jedoch die Aufgabenschwierigkeit. In der Handlungs-Ergebnis-Erwartung spiegeln sich internale Ursachefaktoren wider, wie Fähigkeiten und die Anstrengung, die mit der Aufgabenschwierigkeit in Beziehung gesetzt werden, die man mit der eigenen Fähigkeit und Anstrengung überwinden muss. Die Anstrengung ist variabel und kann von der Person gesteuert wer-

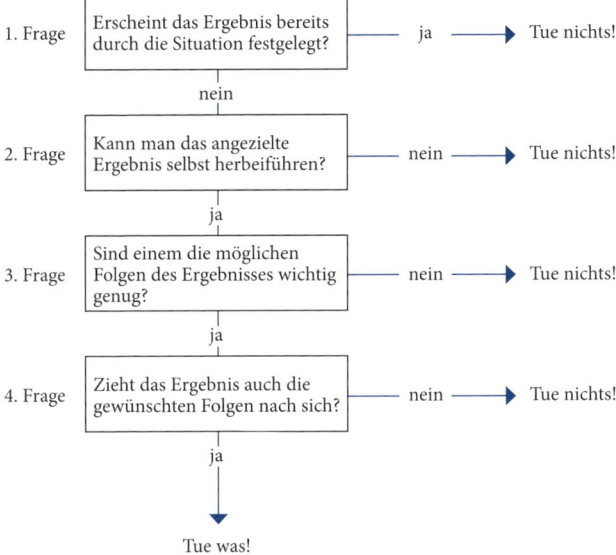

Abb. 9. Aussagenlogische Sequenz von Fragen und Antworten, die der Entscheidung zum Handeln zugrunde liegen (nach Heckhausen, 1989, S. 471)

den. Die handelnde Person kann die Handlungs-Ergebnis-Erwartung selbst variieren, wenn die Erfüllung der Aufgabe anstrengungsabhängig ist. Heckhausen (1989, S. 468) spricht auch von „Anstrengungskalkulation".

Die drei Valenzen beziehen sich auf Situation, Handlung und Ergebnisse.

– Die *Situationsvalenz* bezieht sich auf die Bewertung der Situation, in welcher auch ohne eigenes Zutun ein bestimmtes Ergebnis eintritt.
– Die *Handlungsvalenz* drückt den „Wert" einer Handlung aus, die zu einem bestimmten Ergebnis mit wünschenswerten oder nicht erwünschten Folgen führt.
– Die *Ergebnisvalenz* bezieht sich schließlich auf die Anregungswerte der Folgen, die Situations- oder Handlungsergebnisse voraussichtlich nach sich ziehen.

Die Wahl einer Handlungsalternative lässt sich nach Heckhausens Modell durch vier Fragen erheben, die in einer aussagenlogischen Sequenz angebracht sind, wie Abbildung 9 zeigt. Personen können die Fragen der Reihe nach durchgehen und entscheiden, ob sie eine Handlung ausführen, weil diese etwa zu gewünschten Folgen führt, oder diese unterlassen. „Das erweiterte Modell bildet also kognitive Prozesse eines reinen Zweckhandelns ab" (Heckhausen, 1989, S. 470), wobei nicht immer alle Fragen (bewusst) elaboriert werden müssen.

Das Frageschema von Heckhausen (1989) kann als Grundlage für Mitarbeitergespräche dienen (Neuberger, 1980). Vorgesetzte können gemeinsam mit Mitarbeitern deren Erleben der Arbeitssituation, Wünsche, Erwartungen und spezifische Wahrnehmungen betrieblicher Zusammenhänge analysieren.

1.  Dabei ist zunächst zu fragen, ob ein Mitarbeiter glaubt, dass die gewünschten Arbeitsergebnisse mit hoher Wahrscheinlichkeit auch ohne eigenes Zutun eintreten werden. Diese Frage wird in der Praxis selten gestellt. Für Führungskräfte erscheint eine solche Situationsdeutung nur schwer nachvollziehbar. Wenn sich Vorgesetzte aber über mangelnde Initiative ihrer Mitarbeiter beklagen, dann ist dieser Analyseschritt wichtig. Dabei kann sich ergeben, dass in einer Abteilung auf die Zumutung individueller Initiativen mit einer Art „Totstellreflex" reagiert wird (Neuberger, 1992). Überzeugungen, bestimmte Folgen würden sich in einer Situation von selbst einstellen, sollten entweder durch Gegenbeispiele über betriebliche Abläufe korrigiert werden, oder Mitarbeiter sollten durch eigenes Handeln vom Gegenteil überzeugt werden.

2.  Die zweite Frage sollte dahingehend gerichtet sein, ob ein Mitarbeiter die Erwartung hat, ein gewünschtes Ergebnis selbst herbeiführen zu können. Wenn dabei prinzipielle Zweifel bestehen, dann liegt es am Vorgesetzten, das Selbstvertrauen und die Fähigkeiten so zu stärken, dass sich die erwünschte Erwartung einstellt. Konstruktive Kritik bei Fehlern, gezieltes Erlernen von Fertigkeiten und Fähigkeiten sowie Erfolge und adäquate Arbeitsgestaltung können wirksame Initiativen sein.

3.  Die dritte Frage zielt auf Valenzen ab, die ein Mitarbeiter mit möglichen Folgen von Handlungsergebnissen verbindet. Diese sind nur durch intensive Gespräche und durch Verhaltensbeobachtungen zu eruieren. Entscheidend ist, ob die angebotenen Belohnungen auch von der Person als Belohnungen gewertet werden.

4. Die letzte Frage bezieht sich auf den wahrgenommenen Zusammenhang zwischen Handlungsergebnissen und Folgen. Wenn ein Mitarbeiter nach Aufstieg strebt, aber meint, dass im Unternehmen nur jene befördert werden, die „nicht auffallen" oder informelle Kontakte zu relevanten Personen haben, dann ist die subjektive Einschätzung der Instrumentalität von Handlungsergebnissen und Folgen gering.

**Kritik an den Erwartungs-mal-Wert-Theorien.** Die verschiedenen Erwartungs-mal-Wert-Theorien wurden vielfach kritisiert. Zum einen ist es schwierig, die Konzepte der Valenz, Instrumentalität und Erwartungen zu messen, weil hohe Korrelationen zwischen den Variablen bestehen und die Isolation der einzelnen Variablen empirisch kaum möglich ist. Problematisch ist auch die theoretisch postulierte multiplikative Verknüpfung der Variablen, weil das dafür geforderte Skalenniveau der Daten nicht zu erreichen ist. Weiters ist kritisch anzumerken, dass die Theorien versuchen, individuelle Entscheidungen zu erklären. Üblicherweise werden die Theorien aber auf aggregiertem Niveau überprüft, wo relativ gute Prognosen gestellt werden können. Die wenigen Untersuchungen, die individuelle Entscheidungen prüften, kommen allerdings nur zu mäßig guten Vorhersagen. Zu diskutieren ist auch die zugrunde liegende Rationalitätsannahme und Nutzenmaximierung: Nach Nerdinger (1995) beträgt der erklärte Varianzanteil in der überwiegenden Mehrzahl der Studien unter 25 Prozent. Die Erklärung weiterer Varianzanteile würde also andere Modelle erfordern, die nicht auf dem Konzept der Nutzenmaximierung basieren. Die Theorien befassen sich schließlich mit Entscheidungen, nicht mit aufgabenbezogenem Handeln. So zeigen verschiedene Untersuchungen, dass etwa durch den Ansatz von Vroom (1964) die Präferenz für bestimmte Arbeitstätigkeiten erklärbar ist, nicht aber die konkrete Anstrengung bei der Erfüllung einer Aufgabe oder das Leistungsergebnis (Kanfer, 1990; Mitchell, 1982). Die Erklärung des Handelns stellt ein Problem der Volition dar, das durch Erwartungs-mal-Wert-Theorien nicht gelöst wird. Die Auswirkungen einer Wahl auf das nachfolgende Handeln werden durch Gefühle und Willensprozesse gesteuert, hängen von situativen Hindernissen und Möglichkeiten ab und stellen die Rationalitätsannahme in Frage.

# Praktische Anwendungen der Erwartungs-mal-Wert-Theorien

Trotz Kritik sind die theoretischen Erkenntnisse über Auswahlprozesse in der betrieblichen Praxis sehr nützlich. Robbins (2001) nennt eine Reihe von Nutzungsmöglichkeiten.

> **Merksatz**
>
> Auf der Grundlage der theoretischen Erkenntnisse der Erwartungs-mal-Wert-Theorien wurden einige Anreizmodelle für die betriebliche Praxis entwickelt: variable Entlohnungsprogramme, fähig-keits- und fertigkeitsbezogene Entlohnungsprogramme sowie variable Belohnungen.

**Variable Entlohnungsprogramme.** Stückzahlbezogene Entlohnungs-programme, Lohnanreizsysteme, Gewinnbeteiligung, Prämien usw. sind Formen variabler Entlohnung. Variable Entlohnungsprogramme sehen vor, dass ein Teil der Entlohnung der Mitarbeiter von deren in-dividuellen Leistungen oder der Leistung des gesamten Unternehmens abhängen:

– *Piece-Rate-Pay Plans:* Leistungsbezogene Bezahlung für Mitarbeiter, die beispielsweise für jedes von ihnen produzierte oder verkaufte Stück eine fixe Summe Geld erhalten. In vielen Unternehmen er-halten die Mitarbeiter einen Basislohn und zusätzlich für jedes pro-duzierte Stück eine bestimmte Summe. Für besondere Leistungen oder Gewinne bieten Betriebe den leitenden Angestellten oder allen Mitarbeitern Prämien an.

– *Profit-Sharing Plans:* Mitarbeiter werden am Gewinn des Unter-nehmens beteiligt, wobei die Aufteilung anhand eines festgelegten Schlüssels erfolgt. Der Gewinn kann in Form von Geld weitergege-ben werden oder, was besonders bei Managern üblich ist, in Form von Aktien des Unternehmens.

– *Gainsharing/Result Sharing:* Die Bezahlung basiert auf der Errei-chung bestimmter Leistungsziele. Wenn es beispielsweise einer Gruppe von Mitarbeitern gelingt, Verbesserungen in der Produkti-on durchzuführen, dann erhalten sie nach einem vorher festgelegten Schlüssel einen Teil des Geldes, das die Firma einsparen konnte. Häufig wird die eingesparte Summe im Verhältnis 50:50 verteilt.

Die genannten Entlohnungsprogramme sind geeignet, die Motivation und die Leistung der Mitarbeiter zu steigern. In vielen Betrieben gelingt es, die Fixkosten im Personalbereich zu senken und das unternehmerische Risiko mit den Mitarbeitern zu teilen. Mitarbeiter können zwar bei variablen Lohnsystemen ein höheres Gehalt erarbeiten als bei fixem Monatsgehalt. Allerdings besteht die Gefahr, dass in wirtschaftlich schlechten Zeiten die Gehälter niedrig sind (Robbins, 2001).

**Fähigkeits- und fertigkeitsbezogene Entlohnungsprogramme.** *Skillbased Pay Plans* sehen vor, dass die Höhe der Bezahlung von der Fähigkeit der Mitarbeiter abhängt, wie viele verschiedene Tätigkeiten sie ausführen können. Die Vorteile dieser Methode liegen darin, dass die Mitarbeiter flexibel, in verschiedenen Bereichen eingesetzt werden können und dass sich die Kommunikation innerhalb des Unternehmens verbessert, da die Mitarbeiter Kenntnis über die Tätigkeiten in verschiedenen Arbeitsbereichen haben. Engagierte Mitarbeiter mit geringen Aufstiegschancen können dadurch ihr Gehalt verbessern, ihr Wissen differenzieren und die Produktivität des Unternehmens erhöhen.

Es gibt aber auch eine Reihe von Problemen bei der Anwendung von Skill-based Pay Plans. Wenn Mitarbeiter alle relevanten Fähigkeiten besitzen, die im Betrieb wichtig sind, haben sie keine weitere Möglichkeit einer Gehaltsverbesserung. Manche Firmen klagten, für Fertigkeiten ihrer Mitarbeiter zu bezahlen, die für deren Arbeit irrelevant sind. Hinzu kommt, dass die Höhe der Bezahlung davon abhängt, ob ein Mitarbeiter eine Tätigkeit ausführen kann, aber nicht von der Produktivität. Trotz dieser Mängel sprechen die Ergebnisse zahlreicher Studien für Skill-based Pay Plans, da im Allgemeinen die Zufriedenheit steigt und die Leistung verbessert wird. Besonders international konkurrierende Unternehmen, die Produkte mit kurzem Lebenszyklus produzieren, scheinen von Skill-based Pay Plans zu profitieren, weil Mitarbeiter mit vielfältigen Fähigkeiten flexibler auf aktuelle Anforderungen reagieren können (Robbins und Judge, 2007).

**Variable Belohnungen.** *Flexible Benefits* erlauben es Angestellten, aus einem großen Angebot von Belohnungen jene zu wählen, die ihre persönlichen Bedürfnisse und Wünsche am besten befriedigen. Unternehmen reagieren auf die wechselnden Bedürfnisse ihrer Mitarbeiter und vermeiden ein undifferenziertes Belohnungssystem, das für die gesamte Belegschaft gleichermaßen gilt.

Die traditionellen Belohnungssysteme der 1950er Jahre waren auf den „typischen Angestellten" ausgerichtet, einen verheirateten Mann mit zwei zu versorgenden Kindern. Nach Robbins und Judge (2007) entsprechen heute weniger als zehn Prozent der Mitarbeiter diesem Bild. Vielmehr sind 25 Prozent der Belegschaft ledig und ein Drittel der Angestellten lebt in einer Zwei-Verdiener-Beziehung ohne Kinder. Die verschiedenen Gruppen von Mitarbeitern haben unterschiedliche Bedürfnisse. Flexible Belohnungssysteme sind Antworten auf diese veränderten Mitarbeiterprofile.

Ein Unternehmen gewährt jedem Mitarbeiter ein Konto, dessen Höhe einem gewissen Prozentsatz des Lohnes entspricht. Jede Belohnung hat einen vorher festgesetzten Preis. Der Angestellte kann über sein Geld frei verfügen und aus dem Angebot der verschiedenen Belohnungen auswählen, bis das Konto leer ist. Über dieses Konto können beispielsweise Lebensversicherungen, Krankenversicherungen, verschiedene Pensionspläne bezahlt werden. Weiters besteht die Möglichkeit, Zeit als Belohnungsfaktor zu nutzen – etwa ein verlängerter Urlaub oder ein Sabbatical. Das Modell der Sabbaticals, ursprünglich aus der Forschung („research and study leave") stammend, scheint zunehmend auch für Unternehmen interessanter zu werden. Dahinter steht die Idee, Mitarbeitern abseits ihrer regulären Arbeitspflichten die Möglichkeit und Zeit für Reflexion und persönliche Weiterbildung zu gewähren.

In den 1990er Jahren setzten ungefähr zwölf Prozent der mittleren und großen US-amerikanischen Unternehmen flexible Belohnungssysteme ein. Aber auch immer mehr Mittelbetriebe erkennen die Vorteile für das Unternehmen im Sinn der Kostenreduktion und des Mitarbeiterprofits durch bedürfnisangepasste Anreizsysteme.

## Präaktionale Phase: Theorie der Zielsetzung

Wenn eine Person beschließt, einen Berg zu besteigen, eine bestimmte Arbeit im Betrieb zu übernehmen oder einen bestimmten Beruf zu erlernen, dann hat sie eine Wahl getroffen und ein Ziel gesetzt. Entscheidend ist nun, wie intensiv und ausdauernd das gewählte Ziel verfolgt wird. Die präaktionale Volitionsphase beschäftigt sich mit der Intensität der Handlungsrealisierung, also mit Volitions- beziehungsweise Willensprozessen.

Die Theorie der Zielsetzung (Latham und Locke, 1991; Locke und Latham, 1984, 1990) basiert auf der Annahme, dass Ziele motivierend wirken. Wenn sich Personen weder in ihren Fähigkeiten noch in ihren Fertigkeiten unterscheiden, aber trotzdem unterschiedliche Leistungen erbringen, dann könnte es sein, dass ein motivationaler Unterschied besteht. Während sich die einen hohe Ziele setzen, die sie erreichen wollen, begnügen sich die anderen mit niedrigeren Zielen.

Merksatz

**Die Zielsetzungstheorie geht davon aus, dass Ziele motivierend wirken.**

Die Annahmen der Zielsetzungstheorie, die in den vergangenen drei Jahrzehnten vielfach untersucht und empirisch bestätigt wurden, gehen davon aus, dass Ziele das Leistungshandeln positiv beeinflussen, weil sie die Aufmerksamkeit auf handlungsrelevante Information lenken und Anstrengung und Ausdauer regulieren. Ziele wirken direkt auf die Ausrichtung, so dass eine Handlung ausgeführt wird und andere Ziele blockiert werden. Weiters wirken Ziele auf die Anstrengung, den Ehrgeiz einer Person und auf die Ausdauer oder Hartnäckigkeit des Handelns und damit auf die Leistung. Ziele geben eine bestimmte Handlungsrichtung vor und tragen auch zur Entwicklung von aufgabenspezifischen Strategien und Plänen bei. Ziele stimulieren die Analyse von Handlungsprozessen und fördern die Entwicklung neuer Pläne. Die grundlegenden Aussagen der Theorie besagen, dass

– schwierige, herausfordernde, aber erreichbare Ziele zu besseren Leistungen führen als mittlere oder leicht zu erreichende Ziele, und dass
– herausfordernde und präzise, spezifische Ziele ebenfalls bessere Leistungen garantieren als allgemeine, vage Ziele, wie etwa die Forderung, das Beste zu geben.

Die theoretischen Annahmen wurden in unterschiedlichen Kontexten untersucht. Dabei wurde eine Reihe von Moderatorvariablen und Wirkmechanismen gefunden, die in Abbildung 10 angeführt sind.

Abb. 10. Theorie der Zielsetzung

Der Wille, die Anstrengung oder Volition, ein Ziel zu erreichen, steigt mit der Schwierigkeit, das Ziel zu erreichen. Dies scheint im Gegensatz zu Atkinsons Theorie der Risikowahl zu stehen, wonach Aufgaben mittlerer Schwierigkeit bevorzugt werden. Allerdings spricht Atkinson von der Wahl von Aufgaben, während in der Zielsetzungstheorie nicht die Wahl einer Alternative gemeint ist, sondern die Anstrengung und Ausdauer einer Person, wenn sie bereits eine Alternative gewählt hat.

Merksatz

**Spezifische und herausfordernde Ziele führen zu höherer Anstrengung und Leistung.**

Die zentrale Aussage der Theorie dürfte eine der empirisch am klarsten bestätigten Hypothesen der Arbeits- und Organisationspsychologie sein.

Nach Locke und Latham (1990, S. 25) muss zwischen Ziel-(Erreichungs-)Schwierigkeit und Aufgabenschwierigkeit unterschieden werden. Die Aufgabenschwierigkeit ist von der Komplexität der Aufgabe abhängig. "A difficult task is one that is hard to do. A task can be hard because it is complex, that is, requires a high level of skill and knowledge." Die Zielschwierigkeit entspricht im Gegensatz dazu der erforderlichen Leistung zur Zielerreichung und wird im Allgemeinen mit Zielbezug angegeben: "(G)oal difficulty specifies a certain level of task proficiency measured against a standard." (Ebd., S. 26) Zur Klärung der Schwierigkeitsbegriffe führt Thunig (1999) folgendes Beispiel an: Die Addition zweier dreistelliger Zahlen stellt eine niedrige Aufga-

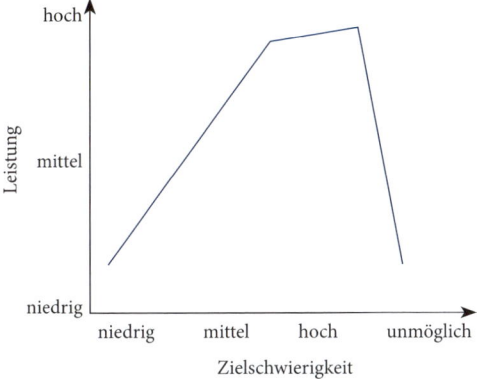

Abb. 11. Zusammenhang zwischen Zielschwierigkeit und Leistung nach Locke und Latham (1984, S. 22)

benschwierigkeit dar. Ist in einer Minute eine Vielzahl solcher Additionen durchzuführen, bleibt zwar die Aufgabenschwierigkeit niedrig, die Zielschwierigkeit ist jedoch hoch.

Auf der Basis verschiedener empirischer Befunde postulieren Locke und Latham (1990) einen linearen Zusammenhang zwischen Zielschwierigkeit und Leistung. Selbstverständlich gilt der Zusammenhang, wie Abbildung 11 zeigt, nur für jene Schwierigkeitsbereiche, welche die Zielrealisierung noch möglich machen. Während die Leistung bis zur Erreichung einer Grenze mit der Zielschwierigkeit ansteigt, fällt sie bei weiterer Steigerung der Zielschwierigkeit stark ab. Die Zielbindung (Commitment) lässt nach, wenn die Erreichbarkeit von Zielen unmöglich erscheint.

**Spezifische Ziele fördern die Leistung.** Ziele können vage formuliert sein, wie etwa die Anweisung „Arbeiten Sie an dieser Aufgabe!", oder spezifisch, wie die Forderung „Verkaufen Sie bis heute Abend 15 Produkte der Kategorie x!". Je spezifischer ein Ziel formuliert ist, umso klarer die Vorgaben und umso eher wird sich eine Person anstrengen, das Ziel zu erreichen. Bei unspezifischen Zielen wird eine Person aufgefordert, ihr Bestes zu geben („Do your best"-Bedingung). Unter einer „Do your best"-Bedingung können Personen eine große Bandbreite an Leistung so interpretieren, als hätten sie ihr Bestes gegeben. Bei spezifischen, harten Zielen hingegen liegt keine Zweideutigkeit bei der Bewertung der Leistung vor. Nur das Erreichen eines bestimmten Leistungsstandards kann als Erfolg interpretiert werden. Jetter und Skrotzki (2000, S. 41) betonen, dass spezifische Ziele außerdem die Planung und die Entwicklung von Strategien zur Zielerreichung initiieren, was besonders im Falle komplexer Aufgaben relevant ist.

Ziele sind spezifisch beziehungsweise klar definiert, wenn der Zielinhalt, das Zielausmaß und der zeitliche Bezug bestimmt sind. Ein formuliertes Ziel wie „Verringern Sie die Ausschussrate in den nächsten sechs Monaten um fünf Prozent!" erfüllt die Forderung der Zielsetzungstheorie und ist gleichzeitig eine brauchbare Basis für eine spätere Beurteilung der Leistung. Ziele wie „Produzieren Sie mehr Qualität!" sind demgegenüber weit weniger geeignet, da sie ein „Do your best" implizieren und damit in der Evaluationsphase einen zu großen Bewertungsspielraum lassen. Mehrere Ziele erfordern außerdem Prioritätensetzung. Dadurch wird die Aufmerksamkeit zunächst auf die wichtigeren Ziele gelenkt und damit eine klare Orientierung gegeben (Gebert, 1995).

Ein Beispiel für die Wirksamkeit der Vorgabe spezifischer Ziele liefert eine Studie, die mit Holzlagerplatzarbeitern in Oklahoma, USA, durchgeführt wurde. Die Arbeiter hatten die Aufgabe, die Baumstämme aus dem Wald zum nahegelegenen Sägewerk ihrer Firma zu schaffen. Während einer dreimonatigen Periode vor dem Beginn der Untersuchung beluden die Mitarbeiter die LKWs nur bis zu ungefähr 60 Prozent ihrer zulässigen Höchstbelastbarkeit. Unnötige Fahrten und hohe finanzielle Belastungen waren die Folgen für das Unternehmen. Deshalb wurde ein spezifisches Ziel gesetzt: Die Holzlagerplatzarbeiter sollten nun die Fahrzeuge vor ihrer Rückkehr zum Sägewerk zu 94 Prozent ihrer Kapazität beladen. Die Vorgabe dieses Ziels war extrem erfolgreich. Außerdem waren die Effekte lang anhaltend, so dass die Arbeiter auch sieben Jahre später noch immer das erzielte Niveau hielten und die Ersparnisse für das Unternehmen beachtlich waren (Latham und Baldes, 1975, zitiert nach Greenberg und Baron, 2008).

**Partizipativ vs. autoritär.** Sollen Ziele autoritär vorgegeben werden oder sind sie gemeinsam mit den Mitarbeitern zu formulieren? Bei konstanter Zielschwierigkeit scheinen die motivationalen Effekte vorgegebener Ziele genauso stark zu sein wie die Effekte partizipativ vereinbarter Ziele (Jetter und Strotzki, 2000). Allerdings sollten bei autoritär vorgegebenen Zielen einsichtige Begründungen gegeben werden. Allgemein besteht eine Tendenz zur Präferenz partizipativ gesetzter Ziele. „Partizipation leistet auch einen wichtigen Beitrag zur Klärung der Ziele selbst. Die Mitarbeiter erhalten wichtige Informationen, in welche Richtungen ihre Anstrengungen gehen sollen und welche Erwartungen an sie gestellt werden. Partizipative Zielfestlegung in Form von Zielvereinbarungsgesprächen kann sogar zur gemeinsamen Entwicklung effektiver Strategien und Aktionspläne führen, die für die Aufgabenbewältigung notwendig sind." (Gebert, 1995, zitiert nach Jetter und Skrotzki, 2000, S. 44) Empirische Studien zeigen, dass dies einen positiven Effekt auf das Selbstbewusstsein, die Motivation und die Leistung bei komplexeren Aufgaben hat (Locke, Shaw, Saari und Latham, 1981, zitiert nach Jetter und Skrotzki, 2000, S. 44).

Die Identifikation einer Person mit einem Ziel, das Commitment oder die Bindung an ein Ziel, der Wille, ein Ziel trotz mancher Rückschläge zu erreichen, beeinflusst ebenfalls die Leistung. Bei hoher Zielbindung besteht ein hoher Zusammenhang zwischen der Schwierigkeit der Ziele und Leistung. Bei geringer Zielbindung hat die Schwierigkeit keinen Einfluss auf die Leistung.

> Merksatz
>
> **Hohe Zielbindung hat großen Einfluss auf die Leistung.**

Für die Organisationspsychologie ergibt sich auch aus diesem Befund die Forderung, Ziele mit Mitarbeitern partizipativ zu setzen, so dass Zielbindung weitgehend möglich ist.

**Selbstwirksamkeit und Feedback als Moderatorvariablen.** Der Zusammenhang zwischen Zielsetzung und Leistung wird durch eine Reihe von Moderatorvariablen reguliert. Besondere Aufmerksamkeit wurde dabei der Selbstwirksamkeit, der Rückmeldung über erreichte Zwischenschritte oder Fehler, der Aufgabenkomplexität, aber auch kulturellen Besonderheiten geschenkt.

Bandura (1986) stellte in seiner sozial-kognitiven Lerntheorie fest, dass sowohl persönliche Ziele wie auch Leistungsverhalten durch Selbstwirksamkeit beeinflusst werden. Selbstwirksamkeit wird allgemein als aufgabenspezifisches Selbstvertrauen verstanden, als Glaube, über die Fähigkeit zur Kontrolle des Handelns bei Ereignissen zu verfügen, die für das eigene Leben relevant sind. Neben den Fähigkeiten und gesetzten Zielen beeinflussen Selbstwirksamkeit und persönliche Ziele die Leistung.

Hackman und Oldham (1980) betonen in ihrem Modell des Motivationspotenzials die Wirkung der Rückmeldung über die eigene Leistung. Auch in Volitionsprozessen erscheint die Rückmeldung wichtig. Informative und bewertende Rückmeldungen wirken eher positiv als negativ oder gar nicht auf die Leistung, vor allem in jenen Situationen, wo Arbeitstätige über die Ausführung einer Aufgabe selbst keinen klaren Überblick haben. Die zahlreichen Studien über den Effekt der Rückmeldung auf die Leistung bieten allerdings kein einheitliches Bild.

Häufig wird postuliert, dass über die Zielerreichung eine Rückmeldung erfolgen sollte, was dazu führt, dass neue Ziele gesetzt werden. Durch ein klares Feedback erkennen Menschen in Organisationen, wie sehr ihre Leistung den Anforderungen entspricht.

Merksatz

**Ein klares Feedback hilft, den Leistungsstandard zu überprüfen.**

Die Rückmeldung sollte möglichst spezifisch sein, um geeignete Informationen zur Verbesserung der Leistung zur Verfügung zu stellen, und es sollte den Mitarbeitern die Möglichkeit gegeben werden, kontinuierlich ihren Leistungsstand zu überprüfen. Um den Effekt des Feedbacks zu nutzen, sollten bei qualitativen Zielen, die nur über ein Beurteilungsverfahren erfassbar sind, nicht zu lange Zielvereinbarungszyklen gewählt werden (Jetter und Skrotzki, 2000). Thunig (1999) betont, dass es in der Praxis wichtig ist zu unterscheiden, ob die Rückmeldung fremdgegeben, also external ist oder selbst generiert werden kann. Ivancevich und McMahon (1982, zitiert nach Thunig, 1999, S. 88) unterscheiden in ihrer Felduntersuchung zum Einfluss der Zielsetzung auf die Leistung zwischen Feedback von Vorgesetzten und von Mitarbeitern selbständig in ihrem Aufgabenbereich ermitteltem Feedback. Die Möglichkeit, den Grad der Zielerreichung eigenständig zu bestimmen, führte im Vergleich zum externen Feedback zu höherer Leistung.

Die Wichtigkeit von Zielsetzung in Zusammenhang mit Rückmeldung wurde in einer Studie an Pizzalieferanten zweier Städte demonstriert. Pizzalieferanten müssen bekanntlich die Pizza ihren Kunden rasch zustellen, gleichzeitig aber auch die Straßenverkehrsvorschriften beachten. Nachdem bekannt war, dass manche Personen, um eine rasche Zustellung zu ermöglichen, an Straßenkreuzungen nicht mehr anhielten, wurde eine Überprüfung notwendig. Geschulte Beobachter zeichneten das Fahrverhalten während der Hauptverkehrszeit, insbesondere den Prozentsatz der Stopps auf. Über einen Zeitraum von sechs Wochen kamen die Fahrer aus beiden Städten im Durchschnitt in weniger als 50 Prozent der Kreuzungen zu einem kompletten Stillstand. Da dies inakzeptabel war, wurden die Fahrer an einem Ort angewiesen, bei 75 Prozent aller Kreuzungen anzuhalten. Über einen vierwöchigen Zeitraum wurden ihnen regelmäßig Rückmeldungen gegeben, die ihre Erfolge im Erreichen des Ziels dokumentierten. Den Fahrern der zweiten Gruppe, der Kontrollgruppe, wurden keine Ziele vorgegeben und sie bekamen auch keine Rückmeldungen über ihr Fahrverhalten. In der Gruppe mit Rückmeldung verbesserte sich das Verhalten deutlich. Nach der Rückmeldungsperiode wurde den Fahrern zwar das 75-Prozent-Ziel vorgegeben, Rückmeldungen wurden aber eingestellt. Während der folgenden sechs Monate wurde das Fahrverhalten sowohl der ersten Gruppe, der Versuchsgruppe, als auch das der Kontrollgruppe beobachtet. Ohne Feedback fiel die Leistung der Pizzalieferanten auf das Niveau vor den Anweisungen zurück (Ludwig und Geller, 1997, zitiert nach Greenberg und Baron, 2008).

Wie schon betont wurde, weisen die Studien über Feedback in Leistungssituationen auf differentielle Wirkungszusammenhänge hin. Trotzdem wird immer wieder postuliert, Rückmeldungen hätten ausnahmslos positive Wirkungen. Und diese Meinung hält sich hartnäckig auch in Lehrbüchern zur Organisationspsychologie, trotz längst bekannter anders lautender Befunde. Kluger und DeNisi (1996) präsentierten eine Metaanalyse, in welcher 131 Studien, 607 Effektgrößen und 23 663 Beobachtungen über mehrere Jahrzehnte zusammengefasst wurden. Die Daten sprechen insgesamt und im Durchschnitt eher für einen positiven Zusammenhang zwischen Rückmeldung und Leistung. Ein Drittel der Studien zeigt aber, dass Feedback zu einer Reduktion der Leistung führt. Feedback kann entweder dazu führen, dass ein Mitarbeiter seine Aufgabe, Aufgabendetails und die Leistung beachtet oder die Aufmerksamkeit auf sich selbst lenkt. Wenn die Rückmeldung mit der Aufgabe oder Ausführungsschritten gekoppelt wird, dann ist der Effekt üblicherweise positiv. Wird hingegen die Rückmeldung mit der

Person selbst in Verbindung gesetzt, scheinen positive Effekte auszubleiben und manchmal sogar negative einzutreten.

Merksatz

**Im Großen und Ganzen gibt es einen positiven Zusammenhang zwischen Rückmeldung und Leistung; Feedback kann mitunter aber auch zu Leistungsreduktion führen.**

**Feedback-Intervention-Theorie.** Kluger und DeNisi (1996) entwickelten die Feedback-Intervention-Theorie. Diese besagt, dass das Verhalten durch Diskrepanzen zwischen einem Istwert und einem Ziel reguliert wird. Ein Überblick über die Theorie wird in Abbildung 12a gegeben. Rückmeldungen über Diskrepanzen können die Aufmerksamkeit der handelnden Person auf sich selbst, auf die Aufgabe oder auf Arbeitsschritte lenken.

(a) Wenn die Aufmerksamkeit auf die aktuelle Aufgabe fokussiert wird und die Diskrepanz zwischen Ist- und Sollwerten positiv ist, kann eine Person überlegen, ob sie höhere Ziele anpeilen soll oder nicht. Wenn sie höhere Ziele anstrebt, kommt es zu einer Leistungssteigerung, wenn nicht, zu einer Leistungsreduktion. Wenn zwischen Ist- und Sollwerten keine Diskrepanz besteht, wird die Leistung beibehalten. Ist die Diskrepanz negativ, kommt es zu einer Leistungssteigerung, wenn davon eine Reduktion der Diskrepanz erwartet wird. Ist mit der Leistungssteigerung keine Diskrepanzreduktion wahrscheinlich, werden entweder Lernprozesse stattfinden oder die Aufmerksamkeit wird auf sich selbst gelenkt und überlegt, warum keine Verbesserung des Istwertes möglich ist (siehe Abbildung 12b).

(b) Wenn die Aufmerksamkeit auf Aufgabendetails, auf einzelne Handlungsschritte gerichtet ist, stellt sich die Frage, ob die Aufgabe klar ist. Wenn dies nicht der Fall ist, werden Hypothesen über Arbeitsschritte und Zielerreichung generiert und getestet, so dass erfolgreiche Strategien gelernt werden können (Abbildung 12b). Wenn eine Diskrepanz zwischen Ist- und Sollwerten rückgemeldet und die Aufmerksamkeit auf Handlungsschritte gelenkt wird, die Aufgabe klar erscheint sowie die Handlungsschritte automatisiert erfolgen, dann kann die Rückmeldung die routinisierte Ausführung vorübergehend stören (Abbildung 12c).

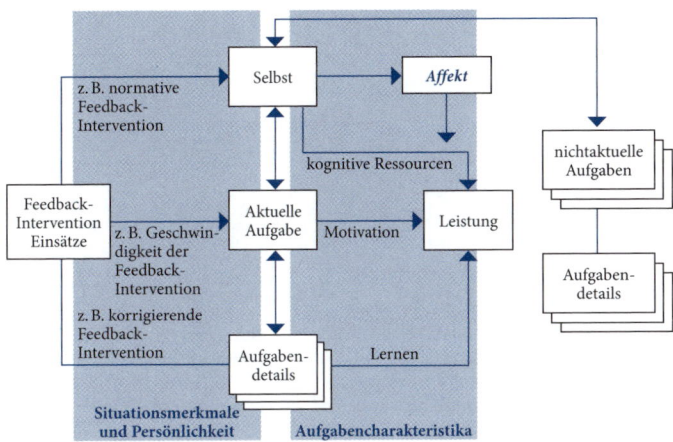

Abb. 12a. Schematischer Überblick über die Feedback-Intervention-Theorie (Kluger und DeNisi, 1996, S. 268)

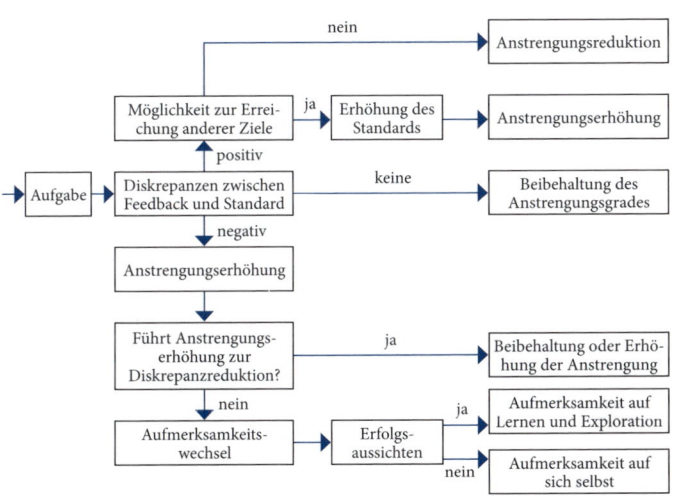

Abb. 12b. Effekte von Prozessen der Aufgabenmotivation und deren Leistungskonsequenzen (Kluger und DeNisi, 1996, S. 264)

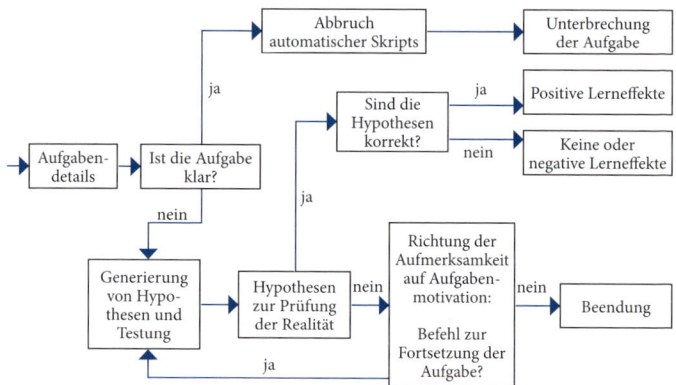

Abb. 12c. Effekte von Lernprozessen und deren Leistungskonsequenzen (Kluger und DeNisi, 1996, S. 264)

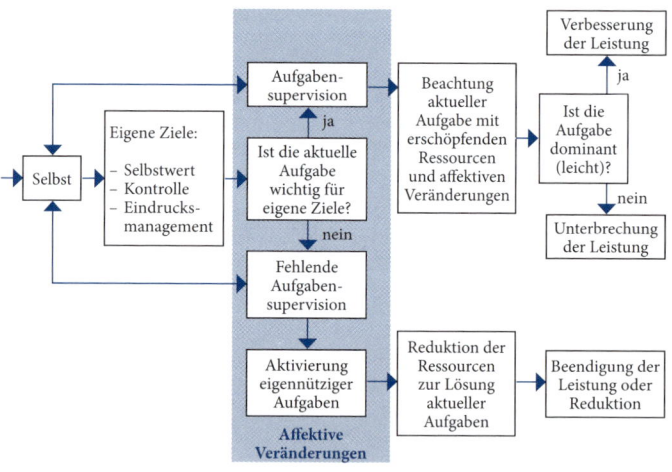

Abb. 12d. Effekte von Metaaufgabenprozessen und deren Leistungskonsequenzen (Kluger und DeNisi, 1996, S. 265)

(c) Wenn die Aufmerksamkeit auf das Selbst der Person gelenkt wird, wird je nach subjektiven Zielen, wie Erhöhung des Selbstwertes, Eindrucksmanagement usw., die Rückmeldung über Ist-Soll-Diskrepanzen die Person bewegen, nochmals die Relevanz des Handlungsziels zu überlegen und eventuell aufzugeben. Wenn das Ziel wichtig erscheint, wird sich eine Person auf die Ausführung konzentrieren, und wenn die Ausführung leicht erscheint, ihre Leistung steigern. Erscheint die Ausführung schwierig, kann die Leistung unterbrochen werden (Abbildung 12d).

Kluger und DeNisi (1996, 1998) nehmen an, dass Rückmeldungen leistungseffizienter sind, wenn sie Handlungsschritte oder die Aufgabe insgesamt betreffen. Normative Rückmeldungen richten die Aufmerksamkeit eher auf die Person selbst und sind der Leistung weniger förderlich als konkrete Rückmeldungen über die Ausführungsschritte und deren Effekte. Beispielsweise verbessern Lehrer ihre Leistungen nicht, wenn ihnen eine globale Beurteilung der Studierenden rückgemeldet wird. Eine Verbesserung lässt sich aber erzielen, wenn die Lehrevaluation auf konkrete Schwächen und Stärken ausgerichtet ist.

> Merksatz
>
> **Konkretes Feedback ist leistungseffizient; globale Beurteilungen sind der Leistung wenig förderlich.**

Außer der Richtung der Aufmerksamkeit auf Aufgabenschritte, die Aufgaben insgesamt oder die Person selbst stellt sich die Frage, ob positive oder negative Rückmeldungen unterschiedliche Wirkungen zeigen. Idson und Higgins (2000) präsentierten eine interessante Studie zur differentiellen Wirkung von positiven und negativen Rückmeldungen auf die Leistung. Dabei zeigte sich, dass Personen, die vorwiegend auf die Zielerreichung konzentriert sind, eher durch positive Rückmeldungen motivierbar sind und ihre Leistung steigern können. Umgekehrt sind Personen, die vor allem Fehler vermeiden wollen, durch negative Rückmeldungen motivierbar. Wer fürchtet, Fehler zu machen, kann Rückmeldungen über Fehler mehr handlungssteuernde Information entnehmen als Rückmeldungen über positive Handlungsergebnisse.

Merksatz

Positive und negative Rückmeldungen haben differentielle Wirkungen auf die Leistungen.

## Praktische Anwendungen der Zielsetzungstheorie

Für die praktische Anwendung der Zielsetzungstheorie ergeben sich mannigfaltige Vorschläge:
- Ziele müssen repräsentativ für das Aufgabengebiet sein.
- Ziele dürfen nicht zueinander in Konflikt stehen.
- Ziel- und Belohnungssystem müssen übereinstimmen.
- Mitarbeiter wünschen sich mehr Feedback über ihre Leistung, als sie erhalten.
- Mitarbeiter wünschen Rückmeldung, die verhaltensbezogen und konstruktiv ist.
- Vorgesetzte sollten regelmäßig Rückmeldung bieten und sich bewusst sein, dass dies das Selbstwirksamkeitsgefühl der Mitarbeiter stärken kann und dass die Aussagen unterschiedlich interpretiert werden.
- Nicht nur Ergebnisse, sondern auch Prozessvariablen sollten rückgemeldet werden.

Merksatz

In der betrieblichen Praxis sind Zielsetzungen ein probates Mittel der Führung.

In der betrieblichen Praxis können verschiedene Formen der Führung durch Zielsetzung gelebt werden. Prinzipiell können folgende Formen unterschieden werden:
- Management durch Zielvorgabe, das die autoritäre Festsetzung der Ziele vorsieht,
- Management durch Zielorientierung, was eine weniger autoritäre Form darstellt, weil Ziele als Orientierungshilfe gesehen werden, und
- Management durch Zielvereinbarung – dies gilt als besonders erfolgversprechende Führungsvariante (Peuntner, 1999) und wird üblicherweise in guten Mitarbeitergesprächen praktiziert.

– Wichtige Aspekte der Zielsetzungstheorie werden besonders im Management durch Zielsetzung *(Management by Objectives)*, das auf Zielvereinbarungen basiert, und im Führungsinstrument „Mitarbeitergespräch" berücksichtigt.

**Management by Objectives.** Der Begriff „Management by Objectives" wurde erstmals im Jahre 1954 von Peter Drucker geprägt und in seinem Buch „Die Praxis des Management" beschrieben. Von diesem Zeitpunkt an wurde das Konzept in der Praxis und in der Forschung gefeiert:

– „Was das Wirtschaftsunternehmen benötigt, ist ein Managementprinzip, das individueller Tüchtigkeit und Verantwortung weitest möglichen Spielraum lässt und gleichzeitig den Vorstellungen und Anstrengungen eine gemeinsame Richtung gibt, Teamarbeit einführt und die Wünsche des einzelnen mit dem allgemeinen Wohl harmonisiert. Das einzige Prinzip, das dies vermag, ist Management by Objectives und Selbstkontrolle." (Humble, 1973, S. 31)

– „Management by Objectives oder Führung durch Zielsetzung ist ein umfassendes Managementkonzept, das auf der Annahme beruht, Führung über Ziele würde Initiative, Kreativität und Flexibilität der Mitarbeiter fördern. Dabei geht man davon aus, dass den Zielen bei Entscheidungen im Unternehmen eine besondere Bedeutung zukommt." (Peuntner, 1999, S. 486)

Die Grundgedanken des Management by Objectives besagen, dass aus den Unternehmenszielen auch die Ziele für die Mitarbeiter abgeleitet werden müssen, dass Ziel- statt Verfahrensorientierung relevant ist, die Leistungsbeurteilung auf Ist-Soll-Vergleichen basieren soll und eine regelmäßige Zielüberprüfung und -anpassung stattfinden muss.

Merksatz

**Management by Objectives erfordert die Definition von Unternehmenszielen.**

Die Ziele müssen klar und konkret sein. Es ist daher nicht legitim zu sagen, die Produktivität müsse gesteigert werden. Vielmehr muss ein genaues Maß an Steigerung festgesetzt werden. Beispielsweise kann definiert werden, die Produktivität müsse um zehn Prozent erhöht werden. Die Mitarbeiter werden bei der Zielfestsetzung üblicherweise mit eingebunden. Die Ziele müssen innerhalb eines bestimmten, festgelegten Zeitraumes erfüllt werden. Die Mitarbeiter erhalten kontinuierliche Rückmeldung über ihre Leistung, damit sie ihre Handlungen gegebenenfalls korrigieren können. Die Rückmeldung wird oft in formalen Treffen geboten, wobei die bisherige Entwicklung und eventuelle Kursanpassungen besprochen werden. Solche Treffen finden sowohl unter den Führungskräften als auch innerhalb der einzelnen Abteilungen statt (Robbins, 2001; Robbins und Judge 2007).

Das Konzept des Management by Objectives ist deshalb attraktiv, weil übergeordnete Organisationsziele das Festlegen spezifischer Ziele von Abteilungen und der einzelnen Mitarbeiter ermöglichen. Die Organisationsziele werden auf allen Betriebsebenen entsprechend definiert und in Subziele zerlegt, die wieder zu einem Gesamtziel koordiniert werden. Es entsteht also eine Hierarchie von Zielen, wobei die Ziele einer Ebene mit denen der nächsten verbunden sind. Da bei der Zielsetzung sowohl höheres als auch niedriges Management beteiligt sind, handelt es sich bei der Zielsetzung sowohl um einen „Top down"- als auch um einen „Bottom up"-Prozess (Robbins und Judge, 2007).

Das Management by Objectives bietet eine Reihe von Chancen, wie etwa die Förderung des Teamgeistes, des Kostenbewusstseins und der Leistungsqualität. Weiters eröffnen gemeinsame Zielsetzungen Raum für die Selbstentfaltung der Mitarbeiter. Außerdem schaffen Ziele die Möglichkeit zur Selbstkontrolle und die von den Mitarbeitern gesetzte Verpflichtung, vereinbarte Ziele zu erreichen, wirkt positiv auf die Leistungsmotivation.

Management by Objectives beinhaltet auch Risiken. Probleme drohen, wenn die einzelnen Arbeitsbereiche Ziele festlegen, die einander widersprechen und der Realisierung der Gesamtunternehmensziele zuwiderlaufen. Sogenannte Ressort-Egoismen können sich entwickeln. Derartige Probleme sind am besten durch bereichsübergreifende Projektgruppen oder durch entsprechende Anpassung der Organisationsstruktur zu lösen (Peuntner, 1999).

Wenn Zielsetzung als Führungskonzept in einem Unternehmen eingeführt werden soll, müssen Führungskräfte vor allem über das Konzept genau informiert werden, über Vorteile und Abläufe. Häufig wird ein Projektteam eingerichtet, das als ständiger Ansprechpartner im Unternehmen für die Mitarbeiter zur Verfügung steht. Das Projektteam kann beispielsweise Führungskräfte bei der Lösung verschiedener Prob-

| Zielfixierung | Kompetenzen | **Messen und Sicherstellen** |
|---|---|---|
| **Ziel:** Was soll erreicht werden? Wie lautet das konkrete Ziel (Nutzen, Sinn und Zweck, Endzustand)? **Inhalt:** Was beinhaltet und was umfasst das Ziel? **Maßnahmen:** Was muss im Einzelnen dafür getan werden, dass das Ziel erreicht werden kann? **Rahmen:** Welchen Handlungsspielraum muss der Mitarbeiter haben, damit er selbstverantwortlich aktiv werden kann (Budget, Personal, Arbeitsmittel)? **Zeitbedarf:** Bis zu welchem Zeitpunkt muss das Ziel erreicht sein? | **Mitarbeiter/Vorgesetzter:** Wer hat die Kompetenz, sich mit bestimmten Personen zusammenzusetzen, um das Ziel zu erreichen? **Ressourcen:** Wer darf welche Kompetenzen, Ressourcen, Mittel einsetzen? Wo liegen Grenzen? Welche Reserve besteht, falls die vorhandenen Mittel nicht ausreichen? **Verantwortungen:** Wer trägt welche Verantwortung für welche Aktivitäten? **Schnittstellen:** Welche zusätzlichen Regelungen müssen vereinbart werden? **Rahmen:** Welcher Rahmen, welche Grenzen müssen eingehalten werden? | **Messen:** Welche Kriterien (Statistiken, Tabellen, Vorjahresergebnisse u. a.) sind für die Messung der Zielerreichung heranzuziehen? **Sicherstellen:** Welche Meilensteine müssen eingehalten werden, damit die schrittweise Erreichung der Ziele überprüft und damit sichergestellt werden kann? **Kontrolltermine:** Welche Zwischentermine müssen vereinbart werden, damit der eingeschlagene Weg rechtzeitig bestätigt oder korrigiert wird. Wann ist der Endtermin? |

Tab. 1. Checkliste für die Zielvereinbarung (Bardens 2001)

leme beraten und die Etablierung von Zielvereinbarungsgesprächen, die ein wesentliches Führungsinstrument darstellen, unterstützen. Aber auch die Mitarbeiter benötigen einen Ansprechpartner, der auf mögliche Auswirkungen des Management by Objectives, wie beispielsweise Restrukturierung der Organisation, Personalabbau etc., hinweist und potenziellen Widerständen schon im Vorfeld der Einführung entgegenwirkt. Tabelle 1 bietet eine Checkliste, die als Hilfestellung für die beteiligten Personen dienen kann, um Zielvereinbarungsgespräche effizient zu gestalten.

Ein Beispiel für die Einführung von Zielvereinbarungsgesprächen in einem Betrieb beschreiben Sold und Uepping (1999). In der Absicht, den Unternehmenserfolg zu steigern, richtete das Stiftungsunternehmen Carl Zeiss für seine Führungskräfte ein Zielvereinbarungssystem ein, mit welchem auch eine variable Vergütung verbunden war. Um die Akzeptanz des neuen Systems zu erhöhen, wurde vorerst eine Pilotgruppe von 20 Führungskräften gebildet. Damit war es für den Servicebereich Personal als Koordinator des Projekts und die Führungskräfte möglich, erste Erfahrungen mit dem neuen System zu sammeln, Vorteile einzuschätzen und mit zunehmender Erfahrung Verbesserungen vorzuschlagen. In der Pilotphase stellten sich Zielvereinbarungsprozesse zwischen Vorgesetzten und der Führungskraft als besonders heikel dar. Bisher waren die Führungskräfte gewohnt, Unternehmensziele für den eigenen Bereich eigenverantwortlich zu entwickeln und strategisch umzusetzen. Nun erforderte das unternehmensweite Zielvereinbarungssystem ein hohes Maß an Abstimmung zwischen den verschiedenen Abteilungen. Bei Carl Zeiss finden in der Regel Gespräche statt, auf die sich beide Partner vorbereiten, ein Planungs- und ein Zielvereinbarungsgespräch. Die vereinbarten Ziele müssen mit den Unternehmens- und Bereichszielen übereinstimmen. Wichtig sind die klare Messbarkeit der Ziele durch entsprechende Kenngrößen und exakte Formulierungen. Die Gespräche zwischen Führungskräften und Vorgesetzten werden in einem von beiden Seiten unterzeichneten Zielvereinbarungsformular zusammengefasst. In diesem Formular sind die verschiedenen Ziele auch gewichtet. Um bei etwaigen Zielabweichungen erforderliche Gegenmaßnahmen rechtzeitig treffen zu können, sollten die Führungskräfte mit ihren Vorgesetzten regelmäßig den Erreichungsgrad der Ziele und Maßnahmevereinbarungen analysieren. Der Zeitpunkt der Zielvereinbarungsgespräche ist an den jährlichen Planungskalender des Unternehmens gekoppelt. Im Frühjahr erfolgt eine Drei-Jahres-Planung, was eine mittelfristige Zielausrichtung darstellt. Im Rahmen dieser Pläne werden im Herbst konkrete Planzahlen für das nächste Geschäftsjahr festgelegt. Die Zielvereinbarungsgespräche finden daran anschließend statt und müssen nach kurzer Zeit abgeschlossen sein. Durch die klare Zielstruktur gelingt es, Aufgaben und Maßnahmen der Mitarbeiter auf die Unternehmensziele auszurichten. Tätigkeiten innerhalb und zwischen verschiedenen Abteilungen werden aufeinander abgestimmt und Synergieeffekte genutzt, so dass das Unternehmensergebnis kontinuierlich verbessert wird.

Zielvereinbarungsgespräche sind in der Praxis häufig auch mit der Vereinbarung des variablen Gehalts, etwa Prämien, verbunden. Bardens (2001) schlägt für ein gut geführtes Zielvereinbarungsgespräch zehn Schritte vor:

1. Erläuterung von Gesprächsziel und -ablauf
2. Ermittlung der bisherigen Zielerreichung
3. Gemeinsames Erarbeiten der Gründe für Zielabweichungen

4. Ermittlung des variablen Entgelts
5. Vorstellen der Ziele des Unternehmens, des Bereichs und der Abteilung
6. Vorschläge des Mitarbeiters zu den künftigen Zielen
7. Ziele für die kommenden 12 Monate aus Sicht der Führungskraft
8. Zielvereinbarung
9. Vereinbarung zu den Voraussetzungen und Hilfestellungen
10. Koppelung der Zielvereinbarung an das variable Entgelt

**Mitarbeitergespräche.** In den vergangenen Jahren hat sich das Führungsinstrument „Mitarbeitergespräch" in vielen Betrieben und auch in der Verwaltung etabliert. Dabei wird sowohl auf die Erreichung früherer Ziele eingegangen als auch über mögliche Probleme und Schwierigkeiten gesprochen. Weiters werden die Tätigkeit des Mitarbeiters gewürdigt, Wünsche und Anliegen zur Sprache gebracht und Karrieremöglichkeiten aufgezeigt. Üblicherweise existiert ein Gesprächsleitfaden, der sowohl Vorgesetzten als auch Mitarbeitern dient, ein Gespräch vorzubereiten und zu strukturieren. Im Gespräch wird dann gemeinsam die Leistung der vergangenen Arbeitsperiode beurteilt und zu erwartende Ergebnisse werden definiert. Weiters werden Aufgaben geplant und gewichtet, so dass für die Zukunft klare Ziele festgelegt sind und die Zielerreichung beim nächsten Gespräch evaluiert und besprochen werden kann.

> **Merksatz**
>
> Mitarbeitergespräche laufen nach klaren Regeln ab und dienen der Zielvereinbarung.

Zweck des Mitarbeitergesprächs aus Unternehmenssicht ist die Vereinbarung von Maßnahmen, um die Unternehmensziele zu erreichen. Darüber hinaus bieten Mitarbeitergespräche den Mitarbeitern selbst die Möglichkeit, Missverständnisse über Aufgabenstellungen zu klären und eigene Ideen einzubringen. Zudem können Mitarbeiter Wünsche bezüglich ihrer beruflichen Entwicklung mit den Vorgesetzten besprechen.

Nachdem im Mitarbeitergespräch auf eine formale Leistungsbeurteilung verzichtet wird, müssen sich Mitarbeiter nicht in eine Verteidigungsposition gedrängt fühlen und können sich deshalb aktiv und produktiv am Gespräch beteiligen (Hengster und Krankl, 1998; Vollmer, 1984).

Probleme beim Einsatz von Mitarbeitergesprächen ergeben sich, wenn zu viele Ziele vereinbart werden, die Ziele der Mitarbeiter nicht entsprechend berücksichtigt werden oder diese keine eigenen Ideen und Ziele einbringen. Weiters können Kommunikationsziele seitens der Führungskräfte verfehlt werden, wenn Mitarbeiter etwa zu spät informiert werden oder adäquate Feedback-Gespräche fehlen. Oftmals werden in Mitarbeitergesprächen Aufgaben beschrieben, anstatt Ziele zu vereinbaren, und manchmal gelingt es nicht, in zufriedenstellender Weise konkrete Ziele und Subziele zu definieren und die Beurteilung der Zielerreichung transparent zu machen. Jetter und Skrotzki (2000) führen etwas plakativ eine Reihe von weiteren Problemen bei Mitarbeitergesprächen an, die überlegt werden sollten:

Oftmals werden Zielvorgaben gemacht. Aber Zielvorgaben sind nicht Zielvereinbarungen und Zielvereinbarungen sind nicht Zielvereinbarungsgespräche. Zielvereinbarungsgespräche benötigen den durchgehenden Dialog durch Feedback-Gespräche. Die Ziele stehen oft schon vor dem Gespräch fest. Dann wird über den Grad der Zielerreichung statt über den Weg gesprochen. Manchmal erleben sich die Gesprächspartner nicht als gleichberechtigt, so dass „von oben nach unten gearbeitet" wird. Es gibt oft zu wenig kollektive Teamabsprachen und abteilungsübergreifende Vereinbarungen. Die kommunikativen und sozialen Kompetenzen der Mitarbeiter und Führungskräfte werden nicht gefördert. Schließlich werden Maßstäbe und Kriterien zur Beurteilung der Zielerreichung oft nicht vereinbart.

Ein Beispiel für die Nutzung des Mitarbeitergesprächs stammt von der Firma BauMax. Das Instrument wird bei BauMax seit 1992 eingesetzt und sollte zweimal jährlich zwischen Marktleitern und Mitarbeitern durchgeführt werden. Sowohl die Marktleiter als auch der Mitarbeiter sollte sich auf das Gespräch vorbereiten. Von der Personalabteilung der Firma BauMax wurde daher ein Leitfaden entwickelt, der den Marktleitern als Hilfestellung und Richtlinie bei der Durchführung dieses Instruments dient (Hengster und Krankl, 1998). Mitarbeitergespräche bei BauMax sind zweigeteilt: Im ersten Teil wird das Verhalten der Mitarbeiter in der Vergangenheit beurteilt. Im zweiten Teil werden die Ziele für zukünftige Perioden festgelegt. Mitarbeitergespräche werden schriftlich festgehalten, wobei Angaben zur Person, Verhaltenskriterien (z. B. Fähigkeiten und Fachkenntnisse, Belastbarkeit, kundenorientierte

Handlungen, Teamorientierung, Verantwortungsbewusstsein) und Zielvereinbarung und -erreichung festgehalten werden. Bezüglich der Verhaltenskriterien besprechen Vorgesetzte und Mitarbeiter jene Aspekte, die für die Arbeitsverrichtung relevant sind. Die Ziele, die während eines Zeitintervalls erreicht werden sollen, werden vereinbart und ebenfalls protokolliert, wobei zwischen Soll- und Wahlzielen differenziert wird. Nachdem Zielvereinbarungen für ein Jahr getroffen wurden, sollte etwa nach einem halben Jahr eine Zwischenbilanz gezogen werden, welche die Möglichkeit zur Rückmeldung über erfolgreiche Arbeitsschritte und notwendige Korrekturen bietet. Das eigentliche Evaluationsgespräch der vergangenen Leistung sollte nach Ablauf eines Jahres erfolgen, in welchem die Zielerreichung und die Gründe für das Verfehlen von einzelnen Zielen besprochen und Möglichkeiten zur Verbesserung der Stärken sowie zur Korrektur von Schwächen aufgezeigt werden sollen. Außerdem sollten die Marktleiter ihre Mitarbeiter über Schulungsmöglichkeiten informieren. Schließlich werden die Ziele für die nächste Periode festgelegt und die vereinbarten Maßnahmen wieder schriftlich fixiert. Eine Studie des Instruments „Mitarbeitergespräch" bei BauMax, an welcher 30 Mitarbeiter teilnahmen, ergab, dass durchaus motivierende Effekte gesehen werden. Mitarbeitergespräche wurden von den Mitarbeitern positiv bewertet. Ein Großteil der Mitarbeiter empfand die Maßnahme als sehr sinnvoll und war der Ansicht, dass vor allem die Zieldefinition motivierend wirkte (Hengster und Krankl, 1998).

Weitere praktische Beispiele und Leitfäden für Mitarbeitergespräche von unterschiedlichen Firmen oder Beratungsunternehmen sind mittlerweile sehr leicht im Internet, etwa durch die Eingabe der Suchbegriffe „Mitarbeitergespräch" und „Leitfaden", aufzufinden.

## Aktionale Phase – Handeln und Kontrolle: Handlungstheorie

Mit der Umsetzung einer Intention in Handlungen und der Aufrechterhaltung des Handelns bis zur Zielerreichung ist nach Kuhl (1983) eine Reihe von Prozessen verbunden, die er als Handlungskontrolle – im Gegensatz zur kognitiv begründeten Ausführungskontrolle nach Hacker (2005) – bezeichnet. Die *Theorie der Handlungskontrolle* geht der Frage nach, wie Intentionen angesichts konkurrierender Ziele, die ebenfalls zur Realisierung drängen, in Handlungen umgesetzt werden, und wie es möglich ist, dass eine bestimmte Intention bis zur Realisierung durch Kontrolle der Gedanken, Aufmerksamkeit etc. aufrechterhalten wird. Es wird versucht zu beantworten, wie es zur Initiierung von Handlungen und zur Persistenz von Handlungen bis zur Zielerreichung kommt.

Grundüberlegung der Handlungstheorie ist, dass Menschen überzeugt sind, dass ihre Handlungen zu Zielen führen, und nicht die fatalistische Einstellung haben, wonach das Schicksal vorherbestimmt sei. Der mythologische Repräsentant des autonom handelnden Menschen ist Odysseus.

Merksatz

**In der Wissenschaft wird der Odysseus-Mythos vielfach als handlungstheoretischer Archetyp bezeichnet.**

Odysseus verkörpert die Idee des selbstbestimmten Menschen, der nicht mehr dem Schicksalsglauben der Götter folgt, sondern auf sich selbst vertraut. Der Plan und das Handeln Odysseus', sich und seine Gefährten aus der Höhle des menschenfressenden Kyklopen Polyphem zu befreien, stellt den Prototyp zielorientierten Handelns dar. Während sich der Kyklop in der Pseudogewissheit wiegt, dass der Stein, der den Höhleneingang versperrt, für die Gefangenen nicht zu bewegen ist, ersinnt Odysseus eine List. Er löst sich innerlich aus der momentanen Situation, erdenkt symbolisch Rettungsstrategien, entwirft mental eine Handlung, spielt verschiedene Varianten der Flucht durch und antizipiert die möglichen Folgen. Die Distanzierung zwischen Person und umgebender Welt, die Konstruktion einer symbolischen Zwischenwelt, in der zur Antizipation der Handlungsfolgen probegehandelt werden kann, und die intendierte Umsetzung des operationalen Entwurfs gelten als prototypische Bausteine einer Handlungstheorie. Wer überzeugt ist, etwas unter die eigene Kontrolle zu bekommen, was zuvor ihn kontrolliert hat, wer sich selbst zum Operationszentrum macht und Handlung als Freiheit der Wahl betrachtet, realisiert den Traum des sich selbst steuernden, autonomen abendländischen Menschen (Obliers, Vogel und von Scheidt, 1996, S. 71).

Ob eine Person trotz mancher Rückschläge zielgerichtete Handlungen beibehält und nicht aufgibt, hängt nicht nur von der Überzeugung ab, das eigene Schicksal selbst in der Hand zu haben, sondern auch vom Willen, das Ziel zu erreichen. Der Willens- oder Volitions-begriff hat in der Geschichte der Psychologie unterschiedliche Bedeutung erfahren. Zum einen wurde damit die befehlsartige Durchsetzung eines Ziels verbunden mit der konsequenten Unterdrückung konkurrierender Ziele bezeichnet, also der imperative Bedeutungsgehalt betont. Zum anderen meint Volition eine bestimmte Phase in einer postulierten Sequenz von motivationalen Vorgängen. Volition tritt in der Phase der Umsetzung zielgerichteter Handlungsabsichten auf. Volitionsvorgänge, die für die Planung und Ausführung von Handlungen verantwortlich sind, folgen im Rubikon-Modell stets den Motivationsvorgängen, dem Abwägen und Wählen (Heckhausen und Gollwitzer, 1987). In sequentiellen Volitionsmodellen ist Volition die für Handeln zentrale zuständige Funktion. Der Übertritt in diese Funktion wird je nach Theorie als Entschluss, Intention, Absicht oder Zielintention bezeichnet.

Weinert (1987, zitiert nach Sokolowski, 1996) unterscheidet vier Gruppen von verwandten Willensmetaphern:
– Wille kann als *Kraft* definiert werden oder
– als *formales Prinzip*. Wille kann als steuerndes Prinzip im Entscheidungsprozess oder – bildlich gesprochen – als Steuermann oder Dirigent gesehen werden. Weiters kann der Wille als bündelndes Regulationsprinzip bei der Handlungsausführung oder – wieder bildlich gesprochen – als das Brennglas, das die sich sonst zerstreuenden Strahlen auf einen Punkt konzentriert, betrachtet werden.
– Wille gilt auch als *Kontrollinstanz*, die triebhafte Regungen kanalisiert und auf erwünschte Ziele lenkt.
– Wille kann schließlich als *Zäsur* definiert werden, die durch einen Entschluss charakterisiert wird. Bildlich kann davon gesprochen werden, dass mit dem Willen zu einer Handlung „der Rubikon überschritten wird".

Mit dem Willen zum Handeln werden Handlungsschritte gesetzt. Zu einer Handlung fasst Heckhausen (1989) all jene Aktivitäten zusammen, denen letztlich die gleiche „Zielvorstellung" zugrunde liegt. Zielvorstellungen können mental unterschiedlich klar repräsentiert sein.

Kuhl und Waldmann (1985, zitiert nach Westermann und Heise, 1996) unterscheiden vier Gruppen von psychologischen Ansätzen, die jeweils verschiedene Aspekte des komplexen Phänomens Handeln beinhalten:

– Entscheidungstheorien erklären durch Nutzenmaximierungsprinzipien die Wahl zwischen Handlungsalternativen und Handlungsabsichten.
– Willensmodelle beschäftigen sich mit der Abschirmung aktueller Handlungsabsichten gegen konkurrierende Tendenzen.
– Regulationsmodelle betreffen hierarchische Pläne, die den Handlungsabläufen zugrunde liegen, und
– dynamische Handlungsmodelle beschreiben die Veränderungen verschiedener Handlungstendenzen über die Zeit.

Im Rubikon-Modell bildet die Handlungsinitiierung die Grenze zwischen präaktionaler und aktionaler Volitionsphase. Charakteristisch für diese Phase ist das zielorientierte Handeln. Zielführende Handlungen werden realisiert, sobald sich eine günstige Gelegenheit dafür bietet. Nach Beginn der Handlung liegt der Fokus auf dem effizienten Erreichen des erwünschten Handlungsergebnisses. Dabei spielt auch die Volitionsstärke verglichen mit der Volitionsstärke anderer, konkurrierender Zielintentionen eine wesentliche Rolle.

**Theorie der Handlungskontrolle.** In der Theorie der Handlungskontrolle versucht Kuhl (1987, siehe auch Nerdinger, 1995) zu klären, wie und vor allem wann Intentionen angesichts konkurrierender Ziele, die ebenfalls zur Realisierung drängen, in Handlungen umgesetzt werden und was dazu beiträgt, dass bestimmte Handlungen bis zur Zielerreichung beibehalten werden.

Kuhl verweist auf die Notwendigkeit, zwischen motivationalen und volitionalen Prozessen zu unterscheiden. Im Rubikon-Modell werden Selektions- als Motivationsprozesse und Realisierungs- als Volitionsprozesse bezeichnet. Mit der Auswahl einer Handlungsinitiative durch den Prozess der Motivation ist noch nicht die Verwirklichung der Handlungsschritte gemeint. Erst durch Volitionsprozesse werden zielgerichtete Handlungsschritte gesetzt.

Der Intentionscharakter einer Handlung regt eine Reihe von Vermittlungsprozessen an, welche die Umsetzung der Intention in Handlung, die Aufrechterhaltung des Handelns bis zu dessen Zielerreichung gewährleisten sollen. Kuhl unterscheidet Vermittlungsprozesse der Handlungskontrolle von Prozessen der Ausführungskontrolle (siehe Heckhausen, 1989).

Es werden verschiedene Handlungskontroll- beziehungsweise Willensstrategien unterschieden, welche die Initiierung von Handlungen und die Realisierung der damit verbundenen Ziele fördern können. Koordinationsprozesse, die einzelne Handlungen oder Handlungselemente vorbereiten und nachregulieren, lassen sich nach Kuhl (1983) als nicht bewusst repräsentierte Mechanismen oder als bewusst einsetzbare Strategien zur Handlungskontrolle beschreiben. Folgende sieben Strategien können die Initiation und Beibehaltung von Handlungen und der damit verbundenen Ziele fördern:

– Motivationskontrolle: Wenn Widerstände auftreten, müssen diese willentlich unterdrückt werden, etwa durch Vergegenwärtigung der Zielfolgen, um das Ziel zu erreichen.
– Emotionskontrolle: Förderliche Emotionen werden willentlich hervorgerufen; z. B. Freundlichkeit im Umgang mit Kunden. Hinderliche Emotionen werden unterdrückt.
– Aufmerksamkeitskontrolle: Die selektive Aufmerksamkeit muss auf solche Informationen konzentriert werden, die den angestrebten Zielen förderlich sind.
– Enkodierkontrolle: Von den aufgenommenen Informationen werden diejenigen vertieft bearbeitet, die mit dem Ziel in Verbindung stehen.
– Umweltkontrolle: Ablenkungen vom Ziel müssen unterbunden werden, beispielsweise durch die Entfernung von Süßigkeiten, wenn eine Person abnehmen will.
– Sparsame Informationsverarbeitung: Nicht alle Informationen sollten gesammelt, verarbeitet etc. werden, sondern nur die wichtigsten, um zu einer Handlung zu kommen.
– Misserfolgskontrolle: Misserfolge können eintreten. Langes Grübeln kann von der weiteren Zielrealisierung abhalten.

Nachdem der Kontrollmodus interindividuell und situationsabhängig variiert, ist die Fähigkeit, Entscheidungen zum Abschluss zu bringen, Handlungen zu initiieren, auf Zielkurs zu halten sowie handlungshinderliche Intentionen zu deaktivieren von Person zu Person und von Situation zu Situation unterschiedlich. Empirisch wurden die einzelnen Prozesse wenig untersucht, wohl aber zwei Arten der Handlungskontrolle, nämlich Handlungs- und Lageorientierung (Kuhl 1994; Kuhl und Beckmann, 1994): Handlungsorientierte Menschen sind fähig, ihre Entscheidungen in Handlungen umzusetzen und diese auch unter widrigen Umständen zu realisieren (Nerdinger, 1995). Sie drängen auf die Umsetzung des Intendierten in Handlungen, sind sich ihrer Ziele bewusst und verfolgen sie selbstgesteuert mit flexiblen Mitteln. Von Handlungsorientierung wird dann gesprochen, wenn die Aufmerksamkeit auf folgende vier Aspekte annähernd gleich verteilt ist: den Sollzustand (beispielsweise die Lösung eines Problems), den aktuellen Istzustand (z. B. Misserfolg bei einer Aufgabe), die Diskrepanz zwischen Ist- und Sollzustand und die Handlungsmöglichkeiten, den Sollzustand zu erreichen (Herkner, 1991).

**Merksatz**

**Handlungsorientierte Menschen drängen auf die Umsetzung des Intendierten in Handlungen.**

Von Lageorientierung wird gesprochen, wenn Menschen bei Missgeschicken ihren Gedanken nachhängen, die sich auf gegenwärtige, zukünftige oder vergangene Situationen beziehen. Lageorientierung ist durch Zögern, Passivität, durch die Tendenz zum Handlungsabbruch und einer verminderten Effizienz des volitionalen Systems gekennzeichnet. Lageorientierte Menschen verweilen gedanklich zu lang in vergangenen, aktuellen oder künftigen Situationen, ohne einen Handlungsplan zur Änderung in Angriff zu nehmen (Nerdinger, 1995).

**Merksatz**

**Lageorientierte Menschen hängen bei Missgeschicken ihren Gedanken nach und verweilen bei vergangenen, aktuellen oder künftigen Situationen.**

Kuhl (1996) unterscheidet zwischen verschiedenen Formen der Lageorientierung:
- Prospektive Lageorientierung beschreibt die Tendenz zur Handlungslähmung, zu langem Zögern, das mit Realisierungsdefiziten zusammenhängt und dadurch sichtbar wird, dass die Entscheidungszeiten verlängert sind.
- Ausführungsbezogene Lageorientierung oder Volatility (Flüchtigkeit) bedeutet, dass die Aufrechterhaltung kontextadäquater Intentionen bis zur Zielerreichung Probleme bereitet.
- Misserfolgsorientierte Lageorientierung ist durch perseverierende

Gedanken, die meist nach Misserfolgserlebnissen auftreten, gekennzeichnet. Langes Grübeln hemmt zielgerichtetes Handeln.

Julius Kuhl entwickelte den Fragebogen zur Erfassung dreier Komponenten der Handlungs- versus Lageorientierung. Die drei Subskalen erfassen Handlungsorientierungen bei der Entscheidungsfindung, Ausführung von Handlungen und Misserfolgsverarbeitung. Um das Handlungsorientierungskonzept von Kuhl besser kennen zu lernen, sind einige Items aus dem Fragebogen (nach Puca, 1996; siehe Fragebogen 2) beispielhaft wiedergegeben.

Vor allem in der misserfolgsbezogenen Dimension unterscheiden sich Personen: Handlungsorientierte Personen können Misserfolge leichter verarbeiten und somit schneller wieder zur Tat schreiten als lageorientierte. Dabei drückt sich Lageorientierung nicht nur im Grübeln und Verharren aus, sondern auch dadurch, dass Ziele nicht losgelassen werden können, wenn sich diese als nicht realisierbar erweisen.

Durch das Bearbeiten von Fragebogen 2 kann Einblick in die eigene Tendenz zur Handlungs- und Lageorientierung gewonnen werden.

Die Bedeutung der „Handlungskontrolle" hat sich in den Arbeiten Kuhls geändert. 1987 bezeichnet er Handlungskontrolle *(action control)* als „the maintenance and protection of an activated intention" (Kuhl, 1987, zitiert nach Puca, 1996, S. 55). Handlungskontrolle kann dabei sowohl aktiv als auch passiv ablaufen. Ab 1995 bezieht sich Kuhl auf Handlungskontrolle unter dem Begriff der Handlungssteuerung beziehungsweise Selbststeuerung. Handlungskontrolle beziehungsweise Selbstkontrolle stellen nur noch eine von drei Formen von Selbststeuerung dar. Zur Selbststeuerung zählen alle jene Funktionen, „welche die Koordination von psychischen Prozessen so leisten, daß die Umsetzung einer Absicht und die aus ihr resultierenden konkreten Ziele optimiert [werden]" (Kuhl, 1995, zitiert nach Puca, 1996, S. 56).

**Ausführungskontrolle – Theorie der Selbstregulation.** Prozesse der Ausführungskontrolle regeln Schritt für Schritt den Ablauf einer Handlung. In der Theorie der Selbstregulation wird zu erklären versucht, wie Ziele durch konkretes Handeln erreicht werden (Kuhl, 1983, zitiert nach Nerdinger, 1995). Dabei werden Prozesse der Selbstregulation thematisiert, die Personen in die Lage versetzen, ihre Ziele über die Zeit sowie über wechselnde Situationen hinweg zu verfolgen. Unter Regulation wird dabei die Modulation von Gedanken, Affekten, Verhal-

Fragebogen 2. Ausschnitt aus dem Fragebogen zur Erfassung der Lage- versus Handlungs-orientierung (aus Puca, 1996, Anhang)

---

Bitte lesen Sie die folgenden Sätze aufmerksam durch und kreuzen Sie diejenige der beiden Antwortmöglichkeiten (a oder b) an, die für Sie am ehesten zutrifft.

1) Wenn ich etwas Wertvolles verloren habe und jede Suche vergeblich war, dann
   a. kann ich mich schlecht auf etwas anderes konzentrieren,
   b. denke ich nicht mehr lange darüber nach.

2) Wenn ich weiß, dass etwas bald erledigt werden muss, dann
   a. muss ich mir oft einen Ruck geben, um den Anfang zu kriegen,
   b. fällt es mir leicht, es schnell hinter mich zu bringen.

3) Wenn ich ein neues, interessantes Spiel gelernt habe, dann
   a. habe ich auch bald wieder genug davon und tue etwas anderes,
   b. bleibe ich lange in das Spiel vertieft.

4) Wenn ich vier Wochen lang an einer Sache gearbeitet habe und dann doch alles misslungen ist, dann
   a. dauert es lange, bis ich mich damit abfinden kann,
   b. denke ich nicht mehr lange darüber nach.

5) Wenn ich nichts Besonderes vorhabe und Langeweile habe, dann
   a. kann ich mich manchmal nicht entscheiden, was ich tun soll,
   b. habe ich meist rasch eine neue Beschäftigung.

6) Wenn ich für etwas mir Wichtiges arbeite, dann
   a. unterbreche ich gern zwischendurch, um etwas anderes zu tun,
   b. gehe ich so in der Arbeit auf, dass ich lange Zeit dabei bleibe.

7) Wenn ich bei einem Wettkampf öfter hintereinander verloren habe, dann
   a. denke ich bald nicht mehr daran,
   b. geht mir das noch eine ganze Weile durch den Kopf.

8) Wenn ich ein schwieriges Problem angehen will, dann
   a. kommt mir die Sache vorher wie ein Berg vor,
   b. überlege ich, wie ich die Sache auf eine einigermaßen angenehme Weise hinter mich bringen kann.

9) Wenn ich einen interessanten Film sehe, dann
   a. bin ich meist so vertieft, dass ich gar nicht an den Gedanken komme, zu unterbrechen,
   b. habe ich zwischendurch trotzdem Lust zu unterbrechen und etwas anderes zu machen.

10) Wenn mir ein neues Gerät versehentlich auf den Boden gefallen ist und nicht mehr zu reparieren ist, dann
    a. finde ich mich rasch mit der Sache ab,
    b. komme ich nicht so schnell darüber hinweg.

11) Wenn ich ein schwieriges Problem lösen muss, dann
    a. lege ich meist sofort los,
    b. gehen mir zuerst andere Dinge durch den Kopf, bevor ich mich richtig an die Aufgabe heranmache.

**12)** Wenn ich mich lange Zeit mit einer interessanten Sache beschäftige (z. B. ein Buch, eine Bastelarbeit o. Ä.), dann
**a.** denke ich manchmal darüber nach, ob diese Beschäftigung auch wirklich nützlich ist,
**b.** gehe ich meist so in der Sache auf, dass ich gar nicht daran denke, wie sinnvoll sie ist.

**13)** Wenn ich jemanden, mit dem ich etwas Wichtiges besprechen muss, wiederholt nicht zu Hause antreffe, dann
**a.** geht mir das oft durch den Kopf, auch wenn ich mich schon mit etwas anderem beschäftige,
**b.** blende ich das aus, bis die nächste Gelegenheit kommt, ihn zu treffen.

**14)** Wenn ich vor der Frage stehe, was ich in einigen freien Stunden tun soll, dann
**a.** überlege ich manchmal eine Weile, bis ich mich entscheiden kann,
**b.** entscheide ich mich meist ohne Schwierigkeit für eine der möglichen Beschäftigungen.

**15)** Wenn ich einen interessanten Artikel in der Zeitung lese, dann
**a.** bin ich meist sehr in das Lesen vertieft und lese den Artikel zu Ende,
**b.** wechsle ich trotzdem oft zu einem anderen Artikel, bevor ich ihn ganz gelesen habe.

**16)** Wenn ich nach einem Einkauf zu Hause merke, dass ich zu viel bezahlt habe, aber das Geld nicht mehr zurückbekomme,
**a.** fällt es mir schwer, mich auf etwas anderes zu konzentrieren,
**b.** fällt es mir leicht, die Sache auszublenden.

**17)** Wenn ich eigentlich zu Hause arbeiten müsste, dann
**a.** fällt es mir oft schwer, mich an die Arbeit zu machen,
**b.** fange ich meist ohne weiteres an.

**18)** Auf einer Urlaubsreise, die mir recht gut gefällt,
**a.** habe ich doch nach einiger Zeit Lust, etwas ganz anderes zu machen,
**b.** kommt mir bis zum Schluss nicht der Gedanke, etwas anderes zu machen.

**19)** Wenn meine Arbeit als völlig unzureichend bezeichnet wird, dann
**a.** lasse ich mich davon nicht lange beirren,
**b.** bin ich zuerst wie gelähmt.

**20)** Wenn ich sehr viele wichtige Dinge zu erledigen habe, dann
**a.** überlege ich oft, wo ich anfangen soll,
**b.** fällt es mir leicht, einen Plan zu machen und ihn auszuführen.

**21)**  …

---

Die jeweilige Disposition lässt sich anhand der Häufigkeit von Lage- beziehungsweise Handlungsorientierung schätzen. Beispielsweise deuten die Antwortalternativen 1a, 2a, 3b, 4a, 5a, 6b, 7b, 8a, 9a, 10b, 11b, 12b, 13a, 14a, 15a, 16a, 17a, 18b, 19b und 20a auf Lageorientierung hin; die alternativen Antworten deuten auf Handlungsorientierung hin.

ten und der Aufmerksamkeit durch willentlichen oder automatischen Gebrauch spezieller psychologischer Mechanismen verstanden.

Merksatz

**Prozesse der Selbstregulation helfen, Ziele über die Zeit sowie über wechselnde Situationen hinweg zu verfolgen.**

Der Beginn eines Selbstregulationsprozesses ist durch zwei Bedingungen gekennzeichnet: Eine Person verfügt zwar über Zielperspektiven, aber zielführende automatisierte Verhaltensketten sind nicht verfügbar. In diesem Fall wird die Steuerung des Handelns als Prozess von Feedback und Feedforward modelliert. Die Zielorientierung von Handlungen erfolgt aus dem Wissen um die Ergebnisse und Zwischenergebnisse von Handlungen (Feedback) und dem Ungleichgewicht aus dem Vergleich mit internen Standards (Feedforward). Ziele haben die Funktion von Referenzwerten oder Vergleichsstandards.

Basierend auf dem therapeutisch orientierten Ansatz des Selbstmanagements (Kanfer und Kanfer, 1991) und der sozial-kognitiven Theorie von Bandura (1991) werden im Prozess der Selbstregulation drei wesentliche psychologische Subfunktionen – Selbstbeobachtung, Selbstbewertung und Selbstreaktion – unterschieden.

(a) Erfolgreiche Selbstregulation hängt von der Zuverlässigkeit, Konsistenz und zeitlichen Nähe der *Selbstbeobachtung* des eigenen Handelns in bestimmten Situationen ab. Werthaltungen, Selbstbild sowie aktuelle Stimmungen beeinflussen vielfach jene Aspekte, die im Zentrum der Aufmerksamkeit stehen. Selbstdiagnose und Erkennen der Tendenzen der Selbstmotivation sind zwei wichtige Funktionen der Selbstbeobachtung. Systematische Beobachtung der eigenen Gedanken, Verhaltensweisen, Reaktionen usw. kann wichtige selbstdiagnostische Informationen bringen. Wer durch Selbstbeobachtung verhaltensmodifizierende Strategien erlernt hat, kann sein Verhalten in entsprechenden Situationen besser kontrollieren und angemessen reagieren. Selbstmotivierende Tendenzen und Selbstbekräftigung spielen vor allem im Leistungsbereich eine wichtige Rolle.

(b) Die *Selbstbewertung* einer beobachtbaren Handlung (z. B. Rückmeldung über Leistungsfortschritt) beeinflusst wesentlich den weiteren Verlauf dieser Handlung und determiniert Beibehaltung oder Abbruch der Handlung. Bewertungen lassen sich als Vergleich des Beobachteten mit persönlichen Standards oder Zielen erklären. Solche Standards werden nach Bandura (1986) auf der Basis von drei Informationsquellen entwickelt:

- Direkte Erfahrung: Beobachtung von Reaktionen, die wichtige Personen über das Verhalten des Betreffenden gemacht haben
- Stellvertretende Erfahrung: Beobachtung des Verhaltens anderer in vergleichbaren Situationen
- Instruktion: Direkte Vermittlung von Standards im Rahmen von Trainings, z. B. Aus- und Weiterbildung

Standards werden nicht passiv übernommen, sondern aufgrund dieser drei Informationsquellen aktiv konstruiert.

(c) Die Bewertung des eigenen Handelns in einer bestimmten Situation bildet die Basis für *Selbstreaktion*, Selbstverstärkung durch Belohnung oder Bestrafung. Selbstreaktion erfüllt eine bedeutende motivationale Funktion bei der Selbstregulation des Handelns. Durch Selbstbekräftigungen, das heißt selbst verabreichte Belohnungen bei Erreichen des erwünschten Ziels beziehungsweise Bestrafung bei Nichterreichen des Ziels, sinkt die Wahrscheinlichkeit, dass in einer vergleichbaren Situation ähnliches erfolgloses Verhalten gezeigt wird.

Merksatz

**Selbstregulation basiert auf Selbstbeobachtung, Selbstbewertung und Selbstreaktion.**

Selbstregulation kann durch das Bewusstmachen bestehender persönlicher Standards und durch explizite Zielsetzungen verbessert werden. Techniken dazu werden allgemein unter dem Begriff „Selbstmanagement" zusammengefasst.

Die praktische Anwendung in Selbstmanagement-Trainings umfasst meist sechs Komponenten, wobei deren Gewichtung je nach Fragestellung unterschiedlich sein kann:

- Selbsteinschätzung: Daten über eigene Verhaltensweisen werden systematisch gesammelt. Sie dienen als Grundlage für die spätere Selbstbewertung und Selbstbekräftigung. Dadurch entsteht Einsicht über die Ursachen des eigenen Verhaltens, kritische Verhaltensweisen werden ermittelt und Änderungen antizipiert.

- Zielsetzung: Nachdem Verhaltensweisen ermittelt wurden, die zu ändern sind, werden Ziele der Änderung gesetzt.
- Selbstüberwachung: Mit einem eigens gewählten Messinstrument, das auf individuelle Präferenzen Rücksicht nimmt (z. B. Tagebücher, Listen oder Diagramme, Ereignisbeschreibungen), werden die Häufigkeit des Verhaltens, das in den Überlegungen zur Zielsetzung relevant erschien, dessen Dauer und Intensität aufgezeichnet.
- Selbstbekräftigung stellt den zentralen motivationalen Aspekt dar. Durch Selbstbekräftigung wird gelernt, sich selbst zu belohnen, wenn Ziele erreicht oder wünschenswerte Verhaltensweisen gesetzt wurden.
- Schriftliche Kontrakte: Maßnahmen, die zur Zielerreichung führen, wie die Definition von Zielen, Handlungen zur Zielerreichung und Selbstbelohnung sowie -bestrafung, werden „vertragsmäßig" festgelegt. Wie in der Verhaltenstheorie oft vorgeschlagen, schließen Personen mit sich selbst einen Vertrag ab.
- Aufrechterhaltung: Die im Training neu erlernten Verhaltensweisen müssen in der Praxis so lange geübt werden, bis sie automatisiert sind.

## Praktische Anwendungen der Handlungstheorie

Die Erkenntnisse aus der Volitionsforschung werden auch in der betrieblichen Praxis angewendet. Ein fester Bestandteil moderner Unternehmensstrategien sind Qualifizierungsmaßnahmen für Führungskräfte. In vielen Weiterbildungsprogrammen wird mehr oder weniger explizit Bezug auf Theorien der Selbstregulation genommen, wie beispielsweise in Trainingskonzepten zum „Zeitmanagement" (Rühle, 1991, zitiert nach Nerdinger, 1995).

**Zeitmanagement.** Trainings zum Zeitmanagement halten Arbeitstätige dazu an, über das „Wie" ihrer Arbeitsverrichtung zu reflektieren und zu überlegen, wie sie ihre Zeitverwendung optimieren können. Üblicherweise werden dazu Zeitprotokolle angefertigt, indem man die täglichen und wöchentlichen Aufgaben aufschreibt, sich über Ablenkungen und die notwendige Zeit zur Erholung Klarheit verschafft und die verschiedenen Ziele in dringende und weniger dringende, wichtige und unwichtige einteilt. Dies ermöglicht die anschließende Prioritatensetzung. Außerdem wird zu einer strategischen Planung der Ziele und der Arbeitsabläufe geraten. Ziele sollten ganz im Sinne der Zielsetzungstheorie eindeutig und messbar sein. Zeithorizonte und Aktionspläne sollten überlegt werden. Weiters ist eine taktische Planung notwendig, welche die Differenzierung in kurz-, mittel- und langfristige Ziele vorsieht. Außerdem müssen Pufferzeiten berücksichtigt werden, denn Unterbrechungen und Störungen sind oft nicht planbar. In Zeitmanagementtrainings wird darauf aufmerksam gemacht, dass manche Antriebsmittel eigentlich blockieren: Beispielsweise sind die Forderungen, immer perfekt zu sein, keine Fehler zu machen, immer schnell und effizient zu arbeiten, sich immer intensiv anzustrengen oder immer allen Mitarbeitern und Vorgesetzten alles recht zu machen, fürwahr nicht motivierend. Persönliches Scheitern, Frustration, Hektik usw. können leicht die Handlungsausführung blockieren. In Tabelle 2 sind einige Antriebs- und Blockadeinstrumente zusammengefasst, Maßnahmen zur Bewältigung aufgezählt und typische Zeitfresser angeführt.

> Merksatz
>
> **Zeitmanagement-Konzepte wollen die Zeitverwendung optimieren helfen.**

**Lean Management.** Gerade in Unternehmen, in denen ganze Aufgabenbereiche mit allen Rechten und Pflichten an Mitarbeiter delegiert werden, die selbständig und eigenverantwortlich handeln sollen, führen Techniken der Selbstregulation zur effizienteren Erledigung der Aufgaben. Ein Beispiel dafür stellt das Lean Management dar. Dabei werden einer Arbeitsgruppe möglichst alle mit produktiver Arbeit zusammenhängenden Aufgaben übergeben. Dazu zählen die ganze Produktionsarbeit, Aufgaben der Verwaltung, Materialbeschaffung, Transport von Fertigprodukten, deren Reparatur und Wartung. Problematisch erscheint dieser Aspekt insofern, als jahrzehntelang die Qualifikationsanforderungen der Arbeit minimiert wurden, d. h. Mitarbeiter von Verantwortung „entlastet" wurden, jetzt aber universellen Anforderungen gerecht werden sollen, um selbstverantwortlich ganze Arbeitsbereiche zu leiten.

Um den zahlreichen Forderungen nach sozialen und fachlichen Kompetenzen zur effizienten Selbstorganisation, permanenter Problem- und Fehleranalyse sowie Verbesserungen bei komplexen Aufgaben-

**Antriebs- und Blockadeinstrumente**
- „Sei immer perfekt!", „Mach keinen Fehler!" Das Streben nach totaler Perfektion, Vollkommenheit und Gründlichkeit in allem, was getan wird, und die Meinung, jeder Fehler sei ein Beweis persönlichen Scheiterns, sind sichere Vorboten von Frustration und Erschöpfung.
- „Mach immer schnell!" artet in Hektik aus. Außerdem besteht die Gefahr, dass in der Schnelligkeit wichtige Aspekte der Arbeit übersehen werden. Die Korrektur von Fehlern kostet schließlich mehr Zeit, als mit der Geschwindigkeit gewonnen werden konnte.
- „Streng dich immer an!" Wird jede Aufgabe zum „Jahrhundertwerk", wird die Gefahr groß, dass bald vor „lauter Bäumen der Wald nicht mehr gesehen wird".
- „Mach es allen recht!" ist ein Befehl, der nicht ausführbar ist. Wer von allen geliebt und geschätzt werden will und nicht „nein" sagen kann oder lernt, erstickt leicht in Arbeit und macht es schließlich niemandem recht.
- „Sei immer stark!" Haltung zu bewahren, sich keine Blöße zu geben, Vorbild für andere zu sein, verlangt übertriebene Härte und eiserne Konsequenz. Kompromisse werden als Schwäche gewertet, Hilfe als Eingeständnis der Schwäche und Kontrolle als ständig notwendiges Führungsinstrument. Dass Kooperation unter diesen Befehlen schwierig ist und Verhandlungen oft aufgrund zähen Beharrens scheitern, liegt auf der Hand.

**Bewältigungsmaßnahmen**
- Zeitprotokolle können helfen, einige wenige, überschaubare Tätigkeitspakete für den Arbeitsalltag zusammenzustellen.
- Zieldefinitionen dienen dazu, festzustellen, für welche Aufgaben wie viel Zeit aufgewendet werden sollte und welche Aufgaben zu viel Zeit in Anspruch nehmen und deshalb ineffiziente Arbeit bedeuten.
- Klare Prioritäten nach Wichtigkeit und Dringlichkeit der Aufgaben helfen nicht nur, eine Übersicht über die gesamten Aufgaben zu erstellen, sondern geben auch vor, welche Aufgaben zu späteren, weniger arbeitsintensiven Zeitabschnitten erledigt werden können.
- Trainings, Beziehungspflege und Delegationskonzepte können schließlich dazu dienen, die Arbeit zu optimieren, Informationen auf informationellem Wege zu erhalten und schnell weiterzugeben und einen Teil der Arbeit in geeigneter Weise an zuständige Mitarbeiter weiterzugeben.

**Zeitfresser**
- Krisen, die unvorhergesehen auftreten, verlangen die gesamte Aufmerksamkeit. Arbeiten bleiben unerledigt, um die Krise zu bewältigen. Vorausschauende, prophylaktische Maßnahmen zur Krisenbewältigung sind dringend angeraten.
- Werden Aufgaben aufgeschoben, können leicht zu späterem Zeitpunkt Überlastungen auftreten.
- Ein typischer Zeitfresser sind langwierige Besprechungen, Sitzungen und gremiale Versammlungen. Wer sich fragt, ob eine Besprechung wirklich notwendig ist, ob immer alle Mitarbeiter anwesend sein müssen, ob eine klare Tagesordnung vorliegt, Unterlagen vor der Sitzung studiert werden können, die Besprechung moderiert wird und sowohl einen fixierten Beginn wie auch ein fixiertes Ende hat, ob audiovisuelle und andere Hilfsmittel zur Verfügung stehen etc., wird schnell Optimierungsmöglichkeiten feststellen.

Tab. 2. Beispiele für Antriebs- und Blockadeinstrumente, Bewältigungsmaßnahmen und typische Zeitfresser

stellungen entsprechen zu können, sind spezielle Formen der Aus- und Weiterbildung von „Lean-Teams" notwendig (Womack, Jones und Roos, 1991, zitiert nach Nerdinger, 1995).

## Postaktionale Phase: Bewertung

Nach Beendigung einer Handlung findet ein handlungsbewertender Rückblick statt, der zukünftige Handlungen beeinflusst. Relevant sind Emotionen, Ursachenerklärungen (Kausalattribuierungen) und die erlebte Gerechtigkeit von Belohnungen im Verhältnis zum erbrachten Aufwand.

**Kausalattribution.** Nach der Erledigung von Aufgaben stellt sich oft die Frage, warum sich Erfolg oder Misserfolg eingestellt hat. Vor allem unbefriedigende Leistungen drängen nach einer Ursachenklärung. Ursachen für das Gelingen oder Misslingen einer Handlung können in der eigenen Leistungsfähigkeit, der Motivation oder Volition, im Glück oder schicksalhaften Unglück, in der Schwierigkeit der Aufgaben oder an den Launen der Vorgesetzten liegen.

Attributionstheorien, die vor allem in der Sozialpsychologie entwickelt wurden (siehe Herkner, 1991), befassen sich mit Ursachenzuschreibungen. Attributionstheorien zufolge wird menschliches Verhalten zum Teil dadurch bestimmt, auf welche Ursachen Personen ihre früheren Handlungsergebnisse zurückführen (Weiner, 1994). Die Attributionsforschung geht auf den Psychologen Fritz Heider (1958) zurück, der personeninterne Ursachen für Handlungen, den Motivationsfaktor und den Fähigkeitsfaktor, und personenexterne Ursachen, wie Zufall und Aufgabenschwierigkeit, unterscheidet. Ursachen können nach Weiner (1994) nach drei Dimensionen klassifiziert werden: Lokation, Stabilität und Kontrollierbarkeit (Abbildung 13).

– Die Dimension *Lokation* unterscheidet zwischen Ursachen, die innerhalb und außerhalb der handelnden Person liegen. Beispielsweise sind Fähigkeiten und Motivationslage internale Faktoren, während Glück und Pech, Aufgabenschwierigkeit und Launen der Vorgesetzten externale Ursachen sind.

– Die Dimension *Stabilität* gibt an, ob Personen die Ursachen ihrer Erfolge und Misserfolge auf dauerhafte, stabile oder auf vorübergehende, variable Faktoren zurückführen. Fähigkeit, Aufgabenschwie-

| Kontrolle | Kontrollierbar | | Unkontrollierbar | |
|---|---|---|---|---|
| **Stabilität** | **Labil** | **Stabil** | **Labil** | **Stabil** |
| **Lokation** *Internal* | Variable eigene Anstrengung; Fleiß und generelle Arbeitshaltung | Konstante eigene Anstrengung | Eigene Müdigkeit und Stimmung; Fluktuationen der eigenen Fähigkeit | Eigene Fähigkeit |
| *External* | Variable Anstrengung anderer Personen | Konstante Anstrengung anderer Personen | Müdigkeit, Stimmung und Fluktuationen der Fähigkeit anderer Personen, Zufall | Fähigkeit anderer Personen; Aufgabenschwierigkeit |

Abb. 13. Klassifikation von Erfolgs- und Misserfolgsursachen nach Lokation, Stabilität und Kontrollierbarkeit

rigkeit und die Voreingenommenheit anderer Personen werden in der Regel als relativ stabil angesehen, während Zufall, Anstrengung, Stimmung, Müdigkeit und Krankheit als variable Ursachen verstanden werden.

– Mit der *Kontrollierbarkeit* von Ursachen wird erfasst, ob eine handelnde Person autonom bestimmen kann, ob sie mögliche Erfolgsgründe verändert (beispielsweise sich intensiver einsetzt, für die Arbeit vorbereitet und sich bei der Ausführung sehr anstrengt usw.) oder ob sie keine Handlungskontrolle besitzt (beispielsweise können eigene Fähigkeiten, die Schwierigkeit der Aufgaben oder Schicksalsschläge nicht selbst kontrolliert werden).

Je nach Attributionen ist zu erwarten, dass die eigene Leistung und Zielerreichung mit unterschiedlichen Emotionen verbunden ist. In Abbildung 14 sind wahrscheinliche Emotionen bei Erfolg und Misserfolg und unterschiedlichen Attributionen aufgelistet.

Je nach Ursachenzuschreibung und Emotionen sind zukünftige Erwartungen und damit zukünftige Leistungen unterschiedlich. Wird Misserfolg mangelnden Fähigkeiten oder der Aufgabenschwierigkeit zugeschrieben, so führt dies häufig zu einer stärkeren Reduktion der zukünftigen Erfolgserwartung, als wenn Misserfolg auf Pech oder mangelnde Anstrengung zurückgeführt wird. Erfolgsgründe, die als stabil angenommen werden, führen dazu, dass auch in Zukunft erwartet wird, dass die eigenen Handlungen erfolgreich sein werden und die Selbstwirksamkeit steigt.

| | Attribution | Emotion |
|---|---|---|
| **Erfolg** | Fähigkeit | Zuversicht, Kompetenz |
| | Variable Anstrengung | Aktivierung, Erregung |
| | Stabile Anstrengung | Entspannung |
| | Eigene Persönlichkeit | Selbstaufwertung |
| | Anstrengung, Persönlichkeit anderer | Dankbarkeit |
| | Zufall | Überraschung |
| | **Attribution** | **Emotion** |
| **Misserfolg** | Fähigkeit | Inkompetenz |
| | Variable oder stabile Anstrengung | Schuld, Scham |
| | Persönlichkeit, intrinsische Motivation | Resignation |
| | Anstrengung, Persönlichkeit anderer | Aggression |
| | Zufall | Überraschung |

Abb. 14. Emotionen in Abhängigkeit von Attributionen von Erfolg und Misserfolg

**Gerechtigkeit.** Wenn großer Aufwand zur Erreichung eines Zieles betrieben wird, mit welchem Belohnungen verbunden sind, dann stellt sich die Frage, ob Aufwandskosten und Belohnungen in fairem Verhältnis zueinander stehen. Wenn Belohnungen, aber auch Kosten an verschiedene Personen verteilt werden, dann stellt sich nicht nur die Frage, ob die Menge der verteilten Ressourcen den Aufwendungen entspricht, sondern auch, ob das Verfahren, das zu einem bestimmten Verteilungsschlüssel geführt hat, gerecht ist. Gerechtigkeitstheorien können sich auf Verfahren, im Sinne der prozeduralen Gerechtigkeit, oder auf die Verteilung von Ressourcen, im Sinne der distributiven Gerechtigkeit, beziehen.

Unter Verfahrensgerechtigkeit oder prozeduraler Gerechtigkeit ist die Fairness im Prozess der Entscheidungsentwicklung gemeint. Hier geht es um die Bewertung, ob beispielsweise Regeln und Ziele gemeinsam festgelegt werden können, oder ob ein Vorgesetzter jedem Mitarbeiter die gleiche Unterstützung für eine erfolgreiche Aufgabenerledigung zukommen lässt. Leventhal (1980) postuliert sechs Regeln der prozeduralen Fairness, nach denen beurteilt wird, ob ein Verfahren als gerecht erlebt wird:

- Konsistenz: Zuteilungen müssen sowohl über die Zeit als auch über Personen hinweg konsistent sein können – z. B. Mitarbeiter davon ausgehen, dass eine bestimmte Leistung innerhalb einer festgesetzten Zeit, unabhängig von der Person, zur gleichen Vergütung führt.
- Unvoreingenommenheit: Verfahren sollen nicht durch das persönliche Eigeninteresse derjenigen, die sie anwenden, beeinflusst sein.
- Genauigkeit: Relevante Informationsquellen müssen ausgeschöpft werden.
- Korrekturmöglichkeit: Berufungs- oder Einspruchsrecht müssen für alle Beteiligten gelten.
- Repräsentativität: Interessen aller Beteiligten sollten berücksichtigt werden.
- Ethische Rechtfertigung: Das Verfahren sollte moralischen Standards entsprechen.

Je gerechter ein Verfahren wahrgenommen wird, umso größer ist das Vertrauen in die Vorgesetzten und umso besser das sogenannte „Organizational Citizenship Behavior", also die Bindung an die Organisation und die Bereitschaft der Mitarbeiter, sich über das geforderte Ausmaß hinweg in die Firma einzubringen. Je gerechter die Verteilung von Ressourcen wahrgenommen wird, umso größer ist die Zufriedenheit. Die Zufriedenheit mit dem Lohn steigt mit der wahrgenommenen gerechten Entlohnung (Folger und Konovsky, 1989; Nerdinger, 1995).

Greenberg und Baron (2000) berichten von einem Feldexperiment, in welchem die Wirkung prozeduraler Gerechtigkeit untersucht wurde. Ein Betrieb musste entweder Entlassungen vornehmen oder vorübergehend Löhne kürzen. In einer Fabrik A wurden die Mitarbeiter ausführlich über die Problemlage informiert, anschließend wurden die Löhne um 15 Prozent gekürzt. In einer zweiten Fabrik B wurde keine Erklärung der Kürzung geboten und in einer dritten Fabrik C wurden die Löhne nicht gekürzt. Die durchschnittlichen Diebstähle während der Zeit der Lohnkürzungen waren je nach Erklärung und wahrgenommener Gerechtigkeit des Handelns unterschiedlich (Abbildung 15).

Die Ursprünge der Theorien zur Verteilungsgerechtigkeit sind bei Homans (1961) und bei Adams (1965) zu finden. Homans entwickelte ein Konzept, das menschliche Interaktionen unter die Prämisse des

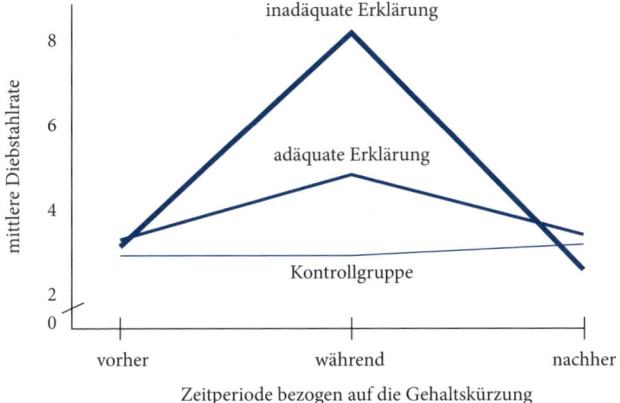

Abb. 15. Mittlere Prozente der Diebstahlrate unter verschiedenen Bedingungen der Information (nach Nerdinger, 1995, S. 158)

Austausches von Ressourcen stellt und nach der Maxime „Gibst du mir – geb' ich dir" funktioniert. Eine soziale Beziehung wird nach dieser Theorie dann eingegangen und aufrechterhalten, wenn Verteilungsgerechtigkeit gegeben ist, also wenn eine Person für den Aufwand, den sie durch die Aufrechterhaltung der Beziehung in Kauf nimmt, auch entsprechende Belohnungen erhält. Nach Adams müssen Aufwendungen und Erträge der einen Person den Aufwendungen und Erträgen, welche die andere Person hat, entsprechen.

Merksatz

**Das Homans'sche Konzept der Verteilungsgerechtigkeit funktioniert nach der Maxime „Gibst du mir – geb' ich dir".**

In der betrieblichen Praxis stellt sich die Frage, ob der Lohn für die eigene Leistung dem Lohn anderer für deren Leistung entspricht. Je eher die Belohnung, die der Leistung folgt, individuellen Maßstäben genügt, umso zufriedener sollte ein Individuum mit der eigenen Arbeit sein. Aufgrund individueller Maßstäbe wird eine Belohnung als fair oder gerecht und damit zufriedenstellend erlebt.

Menschen sind bestrebt, ihre Einstellungen, Handlungen und Handlungsergebnisse zu bewerten. Für die Bewertung des Lohnes dienen Vergleichsmöglichkeiten mit anderen Personen. Wenn objektive Bewertungsstandards fehlen, tendieren Personen dazu, sich mit anderen in ähnlichen Situationen zu vergleichen. Vergleichsprozesse können zu Konkordanz oder Diskordanz zwischen eigenen Qualitäten und Qualitäten anderer führen. Diskordanz löst mit großer Wahrscheinlichkeit Unbehagen aus.

Adams (1965) beschreibt in der *Equity-Theorie* Vergleichsprozesse zwischen eigenen Beiträgen und Ergebnissen und Beiträgen und Ergebnissen anderer. Auf Lohngerechtigkeit bezogen werden Vergleiche zwischen der eigenen Leistung (Input; II) und dem Lohn (Output; OI) und der Leistung anderer (IA) und deren Lohn (OA) angestellt.

Merksatz

**Laut Equity-Theorie erleben Personen ihr Gehalt als gerecht, wenn das Verhältnis zwischen eigener Leistung und eigenem Lohn dem Verhältnis der Leistung anderer und deren Lohn entspricht.**

Inequity-Gefühle, Diskordanz oder Ungerechtigkeit wird erlebt, wenn der Vergleich mit anderen nicht proportional ist und sich Personen entweder über- oder unterbezahlt fühlen (Tabelle 3). Diskordanz, Ungerechtigkeit und in der Folge Unbehagen werden also auch dann erlebt, wenn eine Person verglichen mit anderen Mitarbeitern einen höheren Lohn erhält. Zwar ist anzunehmen, dass relative Benachteiligung zu negativeren Gefühlen führt als Überbezahlung. Insgesamt scheint sich in unterschiedlichen Studien jedoch zu bestätigen, dass eine proportionale, dem eigenen Input und dem anderer Personen im Verhältnis entsprechende Gewinnverteilung oder Bezahlung bevorzugt wird. Überbezahlung scheint zu etwas geringerer Zufriedenheit zu führen als gerechte Entlohnung; Unterbezahlung führt eindeutig zu Ärger- und Frustrationsgefühlen und damit zu Unzufriedenheit (z.B. De Dreu, Lualhati und McCusker, 1994; Mikula, 1980).

Zur Bestimmung wahrgenommener Lohngerechtigkeit muss einer Person eine entsprechende Bezugsgruppe bekannt sein. Ein Arbeitnehmer kann bei gleicher Leistung und gleichem Lohn, je nachdem

| Vergleichsformel | Wahrnehmung | Beispiel |
|---|---|---|
| $\dfrac{O_I}{I_I} < \dfrac{O_A}{I_A}$ | Verglichen mit anderen sind die eigenen Ergebnisse relativ zu den Beiträgen gering | Unterbezahlung |
| $\dfrac{O_I}{I_I} = \dfrac{O_A}{I_A}$ | Die Relation zwischen eigenen Ergebnissen und Beiträgen entspricht der Relation anderer | ausgewogene Bezahlung |
| $\dfrac{O_I}{I_I} > \dfrac{O_A}{I_A}$ | Verglichen mit anderen sind die eigenen Ergebnisse relativ zu den Beiträgen hoch | Überbezahlung |

Tab. 3. Grundaussagen der Equity-Theorie

mit welchen relevanten anderen Personen oder Situationen er seine aktuelle Situation vergleicht, zur Wahrnehmung von Lohngerechtigkeit, Über- oder Unterbezahlung gelangen.

Merksatz

**Zur Bestimmung von Lohngerechtigkeit wählen Personen je nach persönlicher Situation unterschiedliche Vergleichspunkte.**

Robbins und Judge (2007) führen bezüglich der Verteilungsgerechtigkeit vier mögliche Vergleichspunkte an und meinen, je nach Gender, Schulbildung, Dauer eines Arbeitsverhältnisses und Höhe des Lohnes würden Personen unterschiedliche Bezugspunkte wählen:
- Eine Person kann ihren Input und Output mit ihrem eigenen früheren Input und Output in einer anderen Position im selben Betrieb oder in einem anderen Betrieb vergleichen.
- Eine Person kann ihre Ergebnisse und Leistungen aber auch mit Personen innerhalb des Betriebes oder außerhalb des Betriebes vergleichen.

Robbins und Judge (2007) berichten, dass Arbeitnehmer mit hohem Gehalt und hoher Schulbildung über mehr Arbeitsinformationen verfügen als andere und ihre Vergleichsstandards außerhalb der Organisation, in der sie tätig sind, wählen. Jene Arbeitnehmer, die seit langem in einem Betrieb tätig sind, vergleichen ihren Lohn mit dem der Kollegen. Wer seit kurzem in einem Betrieb arbeitet, sucht seine Vergleichspunkte in der eigenen Arbeitsvergangenheit.

Gerecht oder ungerecht kann einerseits das Ergebnis einer Arbeit, also der Lohn, oder auch der Prozess der Festsetzung der Lohnhöhe sein (Hegtvedt, 1989). Die Zufriedenheit mit dem Lohn hängt nicht nur vom Vergleichsergebnis mit anderen und dem Festsetzungsprozess, sondern auch von einer Reihe anderer Variablen ab (Miceli, 1993).

Die Reaktionen von Personen auf ungerechte Erfahrungen am Arbeitsplatz sind vielfältig untersucht worden. Vor allem diskordante Lohn-Leistungs-Relationen unter Zeit- und Akkordlohn wurden experimentell analysiert. Häufig konnten die Aussagen der Equity-Theorie, die in Tabelle 4 zusammengefasst sind, bestätigt werden. Diesen Aussagen nach sind Arbeitskräfte, die sich unterbezahlt fühlen und sich möglicherweise ärgern, unter Akkordlohn bemüht, die Stückzahl auf Kosten der Qualität zu erhöhen. Arbeitskräfte, die sich überbezahlt fühlen und vielleicht mit Schuldgefühlen reagieren, reduzieren die Quantität zugunsten der Qualität. Unter Zeitlohn werden unterbezahlte Personen die Qualität und/oder Quantität ihrer Leistung drosseln; überbezahlte werden versuchen, die Lohndifferenz durch Mehrleistung zu rechtfertigen (Greenberg, 1982).

Im Folgenden sind zusammenfassend Reaktionen bei der Wahrnehmung eines Ungleichgewichts zwischen Leistung und Lohn aufgelistet.

– Eine Person kann ihren Input entsprechend senken oder verbessern (z. B. Leistung n).
– Sie kann versuchen, ihren Output zu verändern (z. B. Qualität, Quantität).
– Sie kann ihre Leistung aufwerten oder abwerten,
– die Leistung oder den Ertrag anderer Personen auf- oder abwerten,
– den Vergleichsanker ändern (beispielsweise Vergleiche mit ehemaligen Schulkameraden oder Kollegen einer anderen Firma anstellen) oder
– aus dem „Feld flüchten", das heißt, den Arbeitsvertrag kündigen und einen neuen Arbeitgeber suchen oder durch Fehlzeiten, Krankenstand etc. „aus dem Feld gehen".

Mit letzteren Reaktionen geht der sich langsam verfestigende Prozess der inneren Kündigung einher. Personen, die innerlich gekündigt haben, werden als demotiviert, resigniert, depressiv bis zu entfremdet

| | Leistung : Lohn | Vergleichs- resultat | Verhaltensänderungen |
|---|---|---|---|
| Individuum Vergleichsgruppe | hoch : hoch hoch : hoch | Konkordanz | keine Änderungen: Verbleib in der Organisation, Leistung wie bisher; Zufriedenheit |
| Individuum Vergleichsgruppe | hoch : niedrig hoch : hoch | Diskordanz (Unterbe- zahlung) | bei Zeitlohn sinkt die Qualität und/oder Quantität der Leis- tung; bei Stücklohn sinkt die Qualität, die Quantität steigt; Unzufriedenheit |
| Individuum Vergleichsgruppe | niedrig : hoch niedrig : niedrig | Diskordanz (Überbezah- lung) | bei Zeitlohn steigt die Qualität und/oder Quantität der Leis- tung; bei Stücklohn steigt die Qualität, die Quantität sinkt; Schuldgefühle |
| Individuum Vergleichsgruppe | hoch : niedrig hoch : niedrig | Konkordanz | keine Änderungen: Verbleib in der Organisation, bis sich eine Gelegenheit ergibt, einen höheren Lohn außerhalb zu erhalten |
| Individuum Vergleichsgruppe | hoch : hoch niedrig : niedrig | Konkordanz | keine Änderungen: Verbleib in der Organisation, Leistung wie bisher; Zufriedenheit |
| Individuum Vergleichsgruppe | hoch : niedrig niedrig : hoch | maximale Diskordanz | bei Zeitlohn sinkt die Qualität und/oder Quantität der Leis- tung; bei Stücklohn sinkt die Qualität, die Quantität steigt; Gefühle ungerechter Behand- lung und Unzufriedenheit |

Tab. 4. Leistungs-Lohn-Vergleich und wahrscheinliche Reaktionen nach der Equity- Theorie

und desillusioniert beschrieben. Qualifikationsverlust und Freudlosig- keit bei der Arbeit bis hin zu Apathie und Sinnverlust sind die Folgen.

Merksatz

„Innere Kündigung" ist eine der Reaktionen auf die Wahrnehmung eines Ungleichgewichts zwischen Leistung und Lohn.

Für die Organisation entstehen hohe Kosten insbesondere durch Absentismus, verringerte Leistung und ungenutzte Potenziale. Innere Kündigung kann auch als ein individuelles motivationales Defizit beschrieben werden. Als Lösungsansätze zur inneren Kündigung werden zumeist Gespräche, Schulungen, Versetzungen und als letztes Mittel die Trennung von den Mitarbeitern empfohlen. Manche Autoren empfehlen die Beauftragung von externen Beratern oder internen Coaches und Supervisoren (Nachbagauer und Riedl, 1999). Krystek, Becherer und Deichelmann (1995) verweisen auf die Notwendigkeit flankierender Maßnahmen seitens der Organisation, wie einer vertrauensbasierten Unternehmenskultur, verstärkter Sinnvermittlung für Mitarbeiter, Veränderung des Selbstverständnisses von Vorgesetzten und deren kontinuierliche Weiterbildung. Tabelle 5 gibt die wesentlichen Unterschiede zwischen innerer und äußerer Kündigung wieder.

Die Bewertung der Arbeit erfolgt selbstverständlich nicht nur aufgrund der zu erbringenden Leistung und des monetären Entgelts. Andere Faktoren, wie etwa das Image der Organisation, das Klima im Betrieb, relative Statusmerkmale wie etwa ein Dienstauto, entsprechende Büroeinrichtungen, die Unterstützung durch Mitarbeiter etc. sind in Leistungs-Entgelt-Vergleichen neben dem Lohn zu berücksichtigen (Greenberg, 1988). All diese Faktoren beeinflussen die Entscheidung, im Betrieb zu verbleiben oder den Arbeitsvertrag zu kündigen. Schließlich hängt die Entscheidung, seinem Arbeitsplatz und seiner Organisation treu zu bleiben, auch von der wahrgenommenen Alternative ab, am Arbeitsmarkt eine bessere Stelle zu finden.

## Praktische Anwendungen der Gerechtigkeitsforschung

In der betrieblichen Praxis stellt sich die Frage, welche Entgeltsysteme besondere Arbeitsmotivation sicherstellen. Kriterien wie Leistungsangemessenheit, Gerechtigkeit, Beeinflussbarkeit und Transparenz des Verteilungsschlüssels und Beteiligung am Prozess der Leistungsbeurteilung sind bei der Gestaltung von Entlohnsystemen relevant.

In den letzten Jahren wächst das Interesse an leistungsabhängiger Entlohnung von Führungskräften in privaten und öffentlichen Organisationen. Der klassische Vertrag der lebenslangen Mitgliedschaft in einer Organisation für erbrachte Leistung ist von Seiten der Unternehmen gekündigt worden. Die Mitarbeiter fordern daher rasche und

| Kündigung | Innere Kündigung | Äußere Kündigung |
|---|---|---|
| **Grundlage** | Psychologischer Vertrag | Rechtlicher Vertrag |
| **Kennzeichen** | Zustand<br>Psychischer Zustand, der zur Abnahme der Leistungsbereitschaft führt | Handlung<br>Rechtlicher Akt zur Lösung des Arbeitsvertrages |
| **Erkennbarkeit** | Schwierig („lautloser Protest") | Leicht (offen vollzogene Handlung) |

Tab. 5. Abgrenzung zwischen innerer und äußerer Kündigung

vor allem leistungsgerechte Bezahlung. Geld sollte nicht wie bisher als Hygienefaktor angesehen werden, sondern wirkt durchaus auch als Motivator, der neben anderen Faktoren eine Rückmeldung über das Ausmaß an Anerkennung für erbrachte Leistung gibt.

Zurzeit werden verschiedene Entlohnungssysteme diskutiert, wie beispielsweise Vergütung auf Basis von Leistungsbeurteilung in Form einer Leistungszulage, zielerreichungsorientierte Ansätze, am Unternehmenserfolg orientierte Vergünstigungen und Unternehmensbeteiligungen. Keine dieser leistungsabhängigen Belohungsformen hat sich bisher empirisch klar als bester „Motivator" erwiesen. Einige Erkenntnisse scheinen jedoch gesichert zu sein: Damit eine Belohnung als Anerkennung wirkt, bedarf es einer relativ engen zeitlichen und inhaltlichen Koppelung der Bezahlung an die Leistung. Eine leistungssteigernde Wirkung durch Gewinnbeteiligung oder Unternehmensanteile wirkt nur auf jene Personen motivierend, die auch Einfluss auf die Ergebnisse des Unternehmens haben. Bei der Einführung von Leistungszulagen sollte bedacht werden, ob die Mitarbeiter eine realistische Chance auf dauerhafte Realisierung der leistungsabhängigen Gehaltsanteile besitzen. Wenn das nicht möglich ist, ist Verfahrensgerechtigkeit kaum herzustellen. Auch die Höhe des leistungsbezogenen Anteils ist von Bedeutung, da erst ab einem Prozentsatz zwischen sieben und zehn Prozent der Gehaltszuwachs als nennenswerter Anreiz wahrgenommen wird (Rosenstiel, 2000).

In der Literatur wird häufig der Frage nachgegangen, ob ausgefeilte Anreizsysteme Einfluss auf die Motivation ausüben. Dressler (1999) kommt zur Ansicht, dass die Höhe der resultierenden Motivation abhängig ist von der persönlichen Wahrnehmung des Leistungsvergütungssystems. Dieses kann auf sehr unterschiedliche Weise wahrgenommen werden. Insgesamt lassen sich neun Sachverhalte unterscheiden, wobei unterschiedliche Sachverhalte simultan wahrgenommen werden:

- Positives Leistungs-Beitrags-Denken: Eine Person geht davon aus, dass es prinzipiell richtig ist, mehr zu verdienen, wenn entsprechend mehr geleistet wird. Je mehr jemand von dieser Auffassung überzeugt ist, desto stärker wirkt das Leistungsvergütungssystem.
- Negatives Leistungs-Beitrags-Denken: Einkommensunterschiede in einem Land sollen möglichst gering gehalten werden. Je mehr jemand diese Einstellung vertritt, desto geringer wirkt ein Leistungsvergütungssystem.
- Kollegenvergleich: Input und Output von Kollegen werden miteinander verglichen.
- Externvergleich: Kollegen aus Konkurrenzunternehmen werden zum Vergleich herangezogen.
- Systemakzeptanz: Ein Leistungsvergütungssystem, das von den Betroffenen nicht akzeptiert wird, motiviert nicht.
- Einflussnahme: Je mehr die Betroffenen auf die Entwicklung beziehungsweise Pflege ihres variablen Vergütungssystems Einfluss nehmen können, desto mehr motiviert das Leistungsvergütungssystem.
- Indirekte Erwartung: Je enger der Zusammenhang zwischen Arbeitseinsatz und nachweisbarem Arbeitsergebnis ist, desto stärker motiviert das Leistungsvergütungssystem.
- Direkte Erwartung: Je enger der Zusammenhang zwischen nachweisbarem Arbeitsergebnis und erhaltener Leistungsvergütung, desto stärker motiviert das Leistungsvergütungssystem.
- Schließlich steigt die Bedeutung des Leistungsvergütungssystems mit wachsendem Bedürfnis nach höherem Einkommen.

Der Vergleich des eigenen Leistungs-Entlohnungs-Verhältnisses mit jenen von internen und externen Kollegen hat nachweisbar deutliche Auswirkungen auf die Arbeitsmotivation. Es ist daher lohnenswert, mögliche Ungleichgewichte dieser Art durch anonyme Mitarbeiterbefragung aufzudecken, um dem erlebten Ungleichgewicht entgegenzuwirken. Die Reduktion der wahrgenommenen Ungleichgewichte kann durch erhöhte Transparenz zwischen den objektiven Input-Output-Verhältnissen erfolgen, durch aktive Darstellung von offiziellen, nachvollziehbaren Begründungen für Unterschiede und durch die Reduktion tatsächlich vorhandener unhaltbarer Ungleichgewichte (Dressler, 1999).

**Anerkennungsmodelle.** *Employee Recognition Programs* oder Anerkennungsmodelle werden in der Praxis eingeführt, um Gerechtigkeit zu fördern. Am effektivsten erscheinen Programme, die unterschiedliche Anerkennungsbeweise verwenden und die sowohl einzelne Personen als auch Gruppenleistungen honorieren.

Das Beispiel der Firma „Convex Computer Corporation" soll verdeutlichen, wie Anerkennungsprogramme funktionieren: In diesem Unternehmen mit Sitz in Texas sind über tausend Personen beschäftigt. Vierteljährlich werden die Leistungen von Mitarbeitern prämiert, die von ihren Managern nominiert wurden, da sie mehr als nur ihre Pflicht erfüllt haben. Jährlich können Mitarbeiter von ihren Kollegen für den „Customer Service Award" nominiert werden, der Kategorien wie Risikobereitschaft, Innovation, Kostenreduktion sowie allgemein den Bereich Kundenservice berücksichtigt. Auf der Abteilungsebene werden Anerkennungen in Form von Kaffeetassen, Team- oder Abteilungsshirts sowie Bildern verteilt. Supervisoren belohnen Mitarbeiter für gute Leistungen mit Kinokarten, Bowlingabenden oder Geldprämien. In einer Umfrage wurde der Frage nachgegangen, wodurch die Mitarbeiter am ehesten motiviert werden. Eine überwiegende Mehrheit gab an, dass Anerkennung für ihre Arbeit der größte Motivationsfaktor ist (Robbins, 2001).

Gründe für die häufige Anwendung von Employee Recognition Programs in der Praxis sind, dass sie effektiv und preisgünstig sind. Anerkennung kann unterschiedlich zum Ausdruck gebracht werden: durch einen Handschlag, eine handgeschriebene Mitteilung oder nur ein E-Mail mit lobenden Worten.

## Tipps zum Weiterlesen:

*Weiner, B. (1994). Motivationspsychologie (3. Auflage). Weinheim: Beltz.*
Das Einführungs- und Grundlagenwerk bietet einen Überblick über die wichtigsten Theorien der menschlichen Motivation, mit einem Schwerpunkt auf die attributionale Motivationstheorie des Autors.

*Rosenstiel, L. von (2001). Motivation im Betrieb: Mit Fallstudien aus der Praxis (10., überarbeitete und erweiterte Auflage). Leonberg: Rosenberger Fachverlag.*
In diesem Buch werden wissenschaftliche Erkenntnisse zum Thema Motivation für die Praxis aufbereitet. Es enthält eine Reihe von Fallstudien und Lösungsvorschlägen, welche Einblick in den Theorie-Praxis-Transfer geben.

# Serviceteil

## Literatur

Adams, J. S. (1965). Inequity in social exchange. In L. Berkowitz (Ed.), Advances in Experimental Social Psychology. Volume II. (S. 267–299). New York: Academic Press.

Alderfer, C. P. (1969). An empirical test of a new theory of human needs. Organizational Behavior and Human Decision Processes, 4, 142–175.

Atkinson, J. W. (1957). Motivational determinants of risk-taking behavior. Psychological Review, 64, 359–372.

Bandura, A. (1986). Social Foundations of Thought and Action. A Social Cognitive Theory. Engelwood Cliffs: Prentice Hall.

Bandura, A. (1991). Social cognitive theory of self-regulation. Organizational Behavior and Human Decision Processes, 50, 248–287.

Bardens, R. (2001). Wegweiser zu echten Zielen. managerSeminare, 48, Mai/Juni 2001.

Bosetzky, H. & Heinrich, P. (1994). Mensch und Organisation. Köln: Kohlhammer.

Buchanan, D. & Huczynski, A. (1997). Organizational Behaviour. An Introductory Text (3rd edition). London: Prentice Hall.

Calder, B. J. & Staw, B. M. (1975). The interaction of intrinsic and extrinsic motivation: Some methodological notes. Journal of Personality and Social Psychology, 31, 76–80.

Campion, M. A. & McClelland, C. L. (1993). Follow-up and extension of the interdisciplinary costs and benefits of enlarged jobs. Journal of Applied Psychology, 78, 339–351.

Csikszentmihalyi, M. (1975). Beyond Boredom and Anxiety. San Francisco: Jossey-Bass.

De Dreu, C. K. W., Lualhati, J. C. & McCusker, C. (1994). Effects of gain-loss frames on satisfaction with self-other outcome-differences. European Journal of Social Psychology, 24, 497–510.

DeCharms, R. (1968). Personal Causation. New York: Academic Press.

DeCharms, R. & Moeller, G. H. (1962). Values expressed in American children's readers: 1800–1950. Journal of Abnormal and Social Psychology, 64, 136–142.

Deci, E. L. (1971). Effects of externally mediated rewards on intrinsic motivation. Journal of Personality and Social Psychology, 18, 105–115.

Deci, E. L., Koestner, R. & Ryan, R. M. (1999). A meta-analytic review of experiments examining the effects of extrinsic rewards on intrinsic motivation. Psychological Bulletin, 125, 627–668.

Drenth, P. J. D., Thierry, H. & de Wolff, C. J. (1998) (Eds.). Handbook of work and organizational psychology (Volume 1 and 4). Hove: Psychology Press Ltd.

Dressler, M. (1999). Der Einfluss variabler Vergütung auf die Arbeitsmotivation. Zeitschrift für Human Resource Management, 6, 294–297.

Drucker, P. (1954). The Practice of Management. New York: Harper.

Folger, R. & Konovsky, M. A. (1989). Effects of procedural and distributive justice on reactions to pay raise decisions. Academy of Management Journal, 32, 115–130.

Fröhlich, W. D. (2008). Wörterbuch Psychologie (26., überarb. und erw. Auflage). München: DTV.

Fröhlich, W. & Gieffers, F. (1989). Personalforschung. In H. Strutz (Hrsg.), Handbuch Personalmarketing. (S. 17–24). Wiesbaden: Gabler.

Gebert, D. (1995). Führung im MbO-Prozess. In A. Kieser, G. Reber, & R. Wunderer (Hrsg.), Enzyklopädie der Betriebswirtschaftslehre. Band 10. Handwörterbuch der Führung. Stuttgart: Poeschl.

Gebert, D. & Rosenstiel, L. von (1992). Organisationspsychologie. Stuttgart: Kohlhammer.

Graen, G. (1969). Instrumentality theory of work motivation: Some experimental results and suggested modifications. Journal of Applied Psychology, 53, 1–25.

Greenberg, J. (1982). Approaching equity and avoiding inequity in groups and organizations. In J. Greenberg & R. J. Cohen (Eds.), Equity and Justice in Social Behavior. New York: Academic Press.

Greenberg, J. (1988). Equity and workplace status: A field experiment. Journal of Applied Psychology, 73, 606–613.

Greenberg, J. & Baron, R. (2000). Behavior in Organizations (7th edition). Englewood Cliffs, NJ: Prentice Hall.

Greenberg, J. & Baron, R. (2008). Behavior in organizations (9th edition). Upper Saddle River, NJ [u. a.]: Pearson Prentice Hall.

Hacker, W. (2005). Allgemeine Arbeitspsychologie. Psychische Regulation von Wissens-, Denk- und körperlicher Arbeit (2., vollst. überarb. und erg. Auflage). Bern: Huber.

Hackman, J. R. & Oldham, G. R. (1980). Work Redesign. Reading, M.A.: Addison-Wesley.

Heckhausen, H. (1963). Hoffnung und Furcht in der Leistungsmotivation. Meisenheim/Glan: Hain.

Heckhausen, H. (1977). Motivation: Kognitionspsychologische Aufspaltung eines summarischen Konstrukts. Psychologische Rundschau, 28, 175–189.

Heckhausen, H. (1989). Motivation und Handeln. Berlin: Springer.

Heckhausen, J. & Heckhausen, H. (Hg.) (2006). Motivation und Handeln (3., überarb. und aktualisierte Auflage). Heidelberg: Springer Medizin Verl.

Heckhausen, H. & Gollwitzer, P. M. (1987). Thought contents and cognitive functioning in motivational vs. volitional states of mind. Motivation und Emotion, 11, 101–120.

Hegtvedt, K. A. (1989). Fairness conceptualisations and comparable worth. Journal of Social Issues, 45, 81–97.

Heider, F. (1958). The Psychology of Interpersonal Relations. New York: Wiley.

Hengster, A. & Krankl, R. (1998). Die Evaluierung der Praxis und Auswirkungen des Mitarbeitergesprächs und der Vorgesetztenbeurteilung bei der Firma BauMax. Unveröffentlichte Diplomarbeit, Wien.

Herkner, W. (1991). Sozialpsychologie. Bern: Hans Huber.

Herzberg, F., Mausner, B. & Snyderman, B. (1959). The Motivation to Work (2nd edition). New York: Wiley.

Homans, G. C. (1961). Social Behavior: Its Elementary Forms. New York: Hartcourt.

Huczynski, A. & Buchanan, D. (2001). Organizational Behaviour. An Introductory Text (4th edition). London: Prentice Hall.

Humble, J. (1973). MBO-Fibel. Frankfurt am Main: Herder und Herder.

Idson, L. C. & Higgins, E. T. (2000). How current feedback and chronic effectiveness influence motivation: Everything to gain versus everything to loose. European Journal of Social Psychology, 30, 583–592.

Ivancevich, J. M. & McMahon, J. T. (1982). The effects of goal setting, external feedback, and self-generated feedback on outcome variables: A field experiment. Academy of Management Journal, 25, 359–372.

Jetter, F. & Skrotzki, R. (2000). Handbuch Zielvereinbarungsgespräche. Stuttgart: Schäffer-Poeschel.

Kanfer, R. (1990). Motivation theory and industrial and organizational psychology. In M. D. Dunnette & L. M. Hough (Eds.), Handbook of Industrial and Organizational Psychology, 7, (S. 1–53). New York: Wiley.

Kanfer, R. & Kanfer, F. H. (1991). Goals and self-regulation: Applications of theory to work settings. In M. L. Maehr & P. R. Pintrich (Eds.), Advances in Motivation and Achievement, (S. 287–326). Greenwich, Conn.: JAI.

Kluger, A. N. & DeNisi, A. (1996). The effects of feedback interventions on performance: A historical review, a meta-analysis, and a preliminary feedback intervention theory. Psychological Bulletin, 119, 254–284.

Kluger, A. N. & DeNisi, A. (1998). Feedback Interventions: Toward the understanding of a double-edged sword. Current Directions in Psychological Science, 7, 67–72.

Krystek, U., Becherer, D. & Deichelmann, K. (1995). Innere Kündigung. Ursachen, Wirkungen und Lösungsansätze auf Basis einer empirischen Untersuchung. München: Rainer Hampp Verlag.

Kuhl, J. (1983). Motivation, Konflikt und Handlungskontrolle. Berlin: Springer.

Kuhl, J. (1987). Action control: The maintenance of motivational states. In F. Halisch & J. Kuhl (Eds.), Motivation, Intention and Volition (S. 279–291). Berlin: Springer.

Kuhl, J. (1994). Handlungs- und Lageorientierung. Forschungsberichte Nr. 96, Universität Osnabrück.

Kuhl, J. (1995). Handlungs- und Lageorientierung. In W. Sarges (Hrsg.), Management-Diagnostik (2. Auflage). Göttingen: Hogrefe.

Kuhl, J. (1996). Wille und Freiheitserleben. Formen der Selbststeuerung. In J. Kuhl & H. Heckhausen (Hrsg.), Enzyklopädie der Psychologie. Motivation, Volition und Handlung (Serie IV, Band 4, S. 665–765) Göttingen: Hogrefe.

Kuhl, J. & Beckmann, J. (Eds.) (1994). Volition and Personality. Action versus State Orientation. Seattle: Hogrefe.

Kuhl, J. & Waldmann, M. R. (1985). Handlungspsychologie. Vom Experimentieren mit Perspektiven zu Perspektiven fürs Experimentieren. Zeitschrift für Sozialpsychologie, 16, 153–181.

Latham, G. & Baldes, J. (1975). The practical significance of Locke's theory of goal setting. Journal of Applied Psychology, 60, 122–124.

Latham, G. P. & Locke, E. A. (1991). Self-regulation through goal setting. Organizational Behavior and Human Decision Processes, 50, 212–247.

Lepper, M. R., Greene, D. & Nisbett, R. E. (1973). Undermining children's intrinsic interest with extrinsic rewards: A test of the „overjustification" hypothesis. Journal of Personality and Social Psychology, 28, 129–137.

Leventhal, G. S. (1980). What should be done with equity theory? In K. J. Gergen, M. S. Greenberg & R. H. Willis (Eds.), Social Exchange. Advances in Theory and Research (S. 27–55). New York: Plenum.

Locke, E. A. & Latham, G. P. (1984). Goal Setting – A Motivational Technique that Works! Englewood Cliffs: Prentice Hall.

Locke, E. A. & Latham, G. P. (1990). A Theory of Goal Setting and Task Performance. Englewood Cliffs: Prentice Hall.

Locke, E. A., Shaw, K. N., Saari, L. M. & Latham, G. P. (1981). Goal setting and task performance: 1969–1980. Psychological Bulletin, 91, 125–152.

Ludwig, T. D. & Geller, E. S. (1997). Assigned versus participative goal setting and response generalization: Managing injury control among professional pizza deliverers. Journal of Applied Psychology, 82, 253–261.

Maslow, A. H. (1954). Motivation and Personality. New York: Harpers

McClelland, D. C. (1971). Assessing Human Motivation. Morristown, New York: General Learning Press.

McClelland, D. C., Atkinson, J. W., Clark, R. A., & Lowell, E. L. (1953). The Achievement Motive. New York: Appleton-Century-Crofts.

McGregor, D. (1960). The Human Side of Enterprise. New York: Mc-Graw-Hill.

Miceli, M. P. (1993). Justice and pay system satisfaction. In R. Cropanzano (Ed.), Justice in the Workplace. Approaching Fairness in Human Resource Management. Hillsdale: Lawrence Erlbaum.

Mikula, G. (Hrsg.) (1980). Gerechtigkeit und soziale Interaktion. Bern: Hans Huber.

Mitchell, T. R. (1982). Expectancy-value models in organizational psychology. In N. T. Feather (Eds.), Expectations and Actions: Expectancy-Value Models in Psychology. (S. 293–312). Hillsdale, N. J.: Erlbaum.

Nachbagauer, A. & Riedl, G. (1999). Innere Kündigung. Zeitschrift Führung und Organisation, 1, 10–15.

Nerdinger, F. (1993). Das Mitarbeitergespräch. Eine Alternative zur herkömmlichen Beurteilung. In J. Goller, H. Maack & B. W. Hedrich (Hrsg.), Verwaltungsmanagement. Handbuch für öffentliche Verwaltungen und öffentliche Betriebe. Stuttgart: Klett.

Nerdinger, F. W. (1995). Motivation und Handeln in Organisationen. Stuttgart: Kohlhammer.

Neuberger, O. (1980). Das Mitarbeitergespräch. Goch: Bratt.

Neuberger, O. (1992). Widersprüche in Ordnung. In R. Königswieser & C. Lutz (Hrsg.), Das systemisch evolutionäre Management. Wien: ORAC.

Neues Lexikon in Farbe (1978). Hamburg: Olde Hansen.

Obliers, R., Vogel, G. & von Scheidt, J. (1996). Alltagshandeln. In J. Kuhl & H. Heckhausen (Hrsg.), Enzyklopädie der Psychologie, Motivation und Emotion. Band 4. Motivation, Volition und Handlung (S. 71–100). Göttingen: Hogrefe.

Peuntner, T. (1999). Management by Objectives (MbO) – Grundlagen. Personal, 10, 486.

Porter, L. W. & Lawler, E. E. (1968). Managerial Attitudes and Performance. Homewood, Ill.: Irwin-Dorsey.

Puca, R. M. (1996). Motivation diesseits und jenseits des Rubikon. Dissertation der Bergischen Universitäts-Gesamthochschule Wuppertal.

Robbins, S. P. (1998). Organizational Behavior (8th edition). Englewood Cliffs, NJ: Prentice Hall.

Robbins, S. P. (2001). Organizational Behavior. Concepts, Controversies and Applications (9th edition). Englewood Cliffs, New Jersey: Prentice Hall. [Deutsche Übersetzung: Organisation der Unternehmung. München: Pearson Studium]

Robbins, S. P. & Judge, T. A. (2007). Organizational Behavior (12th edition). Upper Saddle River, New Jersey: Pearson Prentice Hall.

Rosenstiel, L. von (2000). Grundlagen der Organisationspsychologie. Stuttgart: Schäffer-Poeschel.

Rosenstiel, L. von (2001). Motivation im Betrieb: Mit Fallstudien aus der Praxis (10., überarb. und erw. Auflage). Leonberg: Rosenberger Fachverlag.

Rosenstiel, L. von (2007). Grundlagen der Organisationspsychologie. Basiswissen und Anwendungshinweise (6., überarb. Auflage). Stuttgart: Schäffer-Poeschel.

Rühle, H. (1991). Zeitmanagement. In L. v. Rosenstiel, E. Regnet & M. Domsch (Hrsg.), Führung von Mitarbeitern. (S. 85–96). Stuttgart: Schäffer.

Sokolowski, K. (1996). Wille und Bewußtheit. In J. Kuhl & H. Heckhausen (Hrsg.), Enzyklopädie der Psychologie, Motivation und Emotion. Band 4. Motivation, Volition und Handlung. Göttingen: Hogrefe.

Sold, W. & Uepping, H. (1999). Strategische Unternehmenssteuerung durch Zielvereinbarungen und variable Vergütung. Personal, 10, 494–497.

Thunig, K. (1999). Erfolgsfaktoren für die Zielerreichung in Teams. Frankfurt am Main: Lang.

Vollmer, G. R. (1984). Das Mitarbeitergespräch – eine wirksame Alternative zur Leistungsbeurteilung. Personal – Mensch und Arbeit im Betrieb, 7/84, 271–274.

Vroom, V. (1964). Work and Motivation. New York: Wiley.

Weiner, B. (1994). Motivationspsychologie (3. Auflage). Weinheim: Beltz.

Weinert, A. B. (2004). Organisationspsychologie. Ein Lehrbuch (5. vollständig überarb. Auflage). Weinheim: Psychologie Verlags Union.

Weinert, F. (1987). Bildhafte Vorstellungen des Willens. In H. Heckhausen, P. Gollwitzer & F. Weinert (Hrsg.), Jenseits des Rubikon: Der Wille in den Humanwissenschaften (S.10–26). Berlin: Springer.

Westerman, R. & Heise, E. (1996). Motivation und Kognition. In J. Kuhl & H. Heckhausen (Hrsg.), Enzyklopädie der Psychologie, Motivation und Emotion. Band 4. Motivation, Volition und Handlung. Göttingen: Hogrefe.

Wiswede, G. (2007). Einführung in die Wirtschaftspsychologie (4. Auflage). München: UTB, Reinhardt.

Womack, J. P., Jones, D. T. & Roos, D. (1991). Die zweite Revolution in der Autoindustrie. Konsequenzen aus der weltweiten Studie des Massachusetts Institute of Technology. Frankfurt am Main: Campus.

# Glossar

## Absentismus

Fernbleiben von der Arbeit. Mit sinkender Arbeitszufriedenheit steigt die Absentismusrate an.
Der Zusammenhang ist zwar signifikant, allerdings gering, meist unter r = −.10.

## Aktienbeteiligung der Mitarbeiter

Employee Stock Ownership Plans (ESOP). Unter diesem Begriff sind eine Reihe von Methoden zusammengefasst, die den Erwerb von Betriebsaktien für Mitarbeiter vorsehen.

## Anregungspotenzial

Ist eine hypothetische Gesamtgröße für alle Besonderheiten eines momentanen Informationseinstroms. Diese Größe setzt sich zusammen aus kognitiven Variablen, wie Neuigkeit, Ungewissheit oder Konflikt, Komplexität, Überraschungsgehalt, aus affektiven Reizen, starken äußeren Reizen, inneren Reizen, die von Bedürfniszuständen herrühren.

## Antriebsregulation

Motivationale Steuerung von Arbeitshandlungen.

## Arbeit

Stellt eine Tätigkeit mit der negativ besetzten Konnotation der Mühe und Last dar. Sie ist gesellschaftlich organisiert und trägt zur Weiterentwicklung des Menschen bei.

## Arbeitszufriedenheit

Bewertung der Arbeitserfahrungen durch Arbeitstätige. Definitionen und theoretische Zufriedenheitsmodelle sind unterschiedlich. Arbeitszufriedenheit kann als Einstellung zur Arbeit, als Vergleichsergebnis zwischen Erwartungen und aktuellen Gegebenheiten

oder als Ergebnis von Lernprozessen angesehen werden.

## Attributionstheorie

„Ziel der Attributionstheorie ist die Identifikation der Regel, an der sich Menschen orientieren, wenn sie nach Ursachen oder Gründen für Handlungen oder Ereignisse suchen" (Zimbardo, 1995, S. 746).

## Ausführungskontrolle

Der Ablauf einer Handlung wird Schritt für Schritt bis zur Zielerreichung kontrolliert.

## Autonomie

Ist die Unabhängigkeit und Selbstbestimmung von Individuen und Gruppen.

## Bedürfnis

Allgemeine, umfassende Bezeichnung für Mangelzustände, die das Verhalten und kognitive Prozesse der Verhaltenssteuerung an solchen Zielen orientieren, welche eine Bedürfnisbefriedigung nach sich ziehen oder zumindest in Aussicht stellen.

## Bedürfnispyramide

Abraham Maslow (1954) postulierte, dass in jedem Menschen eine Hierarchie von fünf Bedürfnisklassen existiert, wobei die Aktivierung höherer Bedürfnisse davon abhängt, ob rangniedrigere ausreichend befriedigt sind oder nicht.

## Dissatisfier

(siehe Hygienefaktoren)

## Distributive Gerechtigkeit

Bezieht sich auf die Bewertung der erhaltenen Erträge und Belohnungen; Ungerechtigkeit wird dann erlebt, wenn eine Person wahrnimmt, dass das Verhältnis zwischen den eigenen Erträgen und Einsätzen zum Verhältnis zwischen den Erträgen und Einsätzen anderer Personen ungleich ist.

### „Do your best"-Ziele

Unspezifische Ziele, wonach Mitarbeiter ihr Bestes geben sollen.

### Effektivität

Erfolgswirksamkeit (etwas bringt einen Effekt) von Maßnahmen und Planungen.

### Effizienz

Beschreibt ein Input-Output-Verhältnis und ist somit eine Bewertung des Mitteleinsatzes in Relation zum Erfolg. Effizienz ist also ein Kriterium der Beurteilung des (wirtschaftlichen) Ressourceneinsatzes eines Systems.

### Employee Recognition Programs

(engl. = Mitarbeiter-Anerkennungs-Programme) Für erbrachte Leistungen der Mitarbeiter werden individuell abgestimmte Anerkennungen, Belohnungen verteilt.

### Empowerment

(engl. = Ermächtigung) Darunter versteht man die Erhöhung des Handlungsspielraums der Mitarbeiter. Dies korrespondiert mit strukturellen und kulturellen Veränderungen und ist mit der Übertragung der Verantwortung an Mitarbeiter verbunden.

### Entscheidung

Wahl einer Alternative aus einem Set von Möglichkeiten zur Bewältigung einer Aufgabe oder eines Ziels. Eine unmittelbar einsichtig korrekte Lösung gibt es nicht.

### Erfolgsmotivierte Menschen

Personen mit Hoffnung auf Erfolg bevorzugen Aufgaben mit höchstem Anreizwert. Höchsten Anreizwert haben Aufgaben mittlerer Erfolgswahrscheinlichkeit.

### ERG-Theorie

(Abk. für Existence-Relatedness-Growth) Clayton Alderfer (1969) revidierte Maslows Theorie und fasste die fünf Bedürfniskategorien der Bedürfnispyramide auf folgende drei zusammen: Existenz-, Beziehungs- und Wachstumsbedürfnisse.

### Erwartungs-mal-Wert-Theorien

Sie erklären, wie eine Wahl zwischen zwei oder mehreren Handlungsalternativen auf der Basis des Wertes einer Handlung oder eines Handlungsergebnisses und der Erwartung, eine zielführende Handlung ausführen zu können, zustande kommt.

### Extrinsische Motivation

Eine Handlung wird aufgenommen bzw. ausgeführt, weil eine Belohnung erwartet wird. Steht im Gegensatz zu intrinsischer Motivation.

### Fähigkeit

Der Begriff bezeichnet die psychische und physische Ausgangslage einer Person, die ihr das Erbringen bestimmter Leistungen ermöglicht. Fähigkeiten können anlagebedingt oder in Lernprozessen erworben sein; sie sind im Allgemeinen überdauernder Natur.

### Flexible Benefits

Flexible Belohnungssysteme erlauben es Angestellten, aus einem vielfältigen Angebot von Belohnungen jene zu wählen, die ihre persönlichen Bedürfnisse und Wünsche am besten befriedigen.

### Flow-Effekt

(engl. = Fluss) Darunter wird das völlige Aufgehen in einer Tätigkeit verstanden, wobei die Aufmerksamkeit ganz von der Aufgabe absorbiert wird und die eigene Person vergessen lässt. Es handelt sich dabei um einen Spezialfall der intrinsischen Motivation.

## Fluktuation

Unter Fluktuation sind Wanderungsbe-
wegungen gemeint. In der Wirtschaft
wird der Begriff für Arbeitsplatzwech-
sel und Berufsmobilität gebraucht.

## Furcht vor Misserfolg

Orientierung an der Möglichkeit von
Misserfolg und dem antizipierten Ge-
fühl der Scham bei leistungsbezogenem
Handeln.

## Handeln

Aktive Ausübung von Absichten.

## Handlungs-bei-Situation-Ergebnis-Erwartung

(H→S-E) Subjektive Wahrscheinlichkeit, mit der äußere und variable
Umstände die Handlungs-Ergebnis-
Erwartung erhöhen beziehungsweise
verringern.

## Handlungsorientierung

Rasche Umsetzung von Entscheidungen. Handlungsorientierte Menschen
sind fähig, ihre Entscheidungen in
Handlungen umzusetzen und diese
auch unter widrigen Umständen zu
realisieren; im Gegensatz zu Lageorientierung, bei der Personen durch
langes Nachdenken Handlungsbeginn
verzögern. Lageorientierte Menschen
verweilen gedanklich zu lang in
vergangenen, aktuellen oder künftigen
Situationen, ohne einen Handlungsplan
zur Änderung in Angriff zu nehmen
(Nerdinger, 1995).

## Hoffnung auf Erfolg

Orientierung an der Möglichkeit
von Erfolg mit antizipiertem Gefühl
des Stolzes bei leistungsorientiertem
Handeln.

## Hygienefaktoren

(auch Kontextfaktoren oder Dissatisfiers) Faktoren, bei deren Fehlen
Unzufriedenheit auftritt. Sie beziehen
sich auf die Arbeitsumgebung, wie den

Führungsstil, die äußeren Arbeitsbedingungen oder das Betriebsklima
usw.

## Inhaltstheorien der Motivation

Theorien über Bedürfnis- und Motiv-
inhalte.

## Innere Kündigung

Im Gegensatz zur offenen Kündigung
wird bei der inneren Kündigung das
Arbeitsverhältnis nicht aufgelöst,
sondern die Erbringung jener Leistung
vom Arbeitnehmer aufgekündigt, die
über das vorgeschriebene und mittels
Sanktionen rechtlich durchsetzbare
Mindestmaß hinausgeht.

## Intention

Motivationstendenz mit Zielbindungs-
charakter *(commitment)*, welche sich
ein Individuum selbst auferlegt (Heckhausen, 1989, S. 197).

## Intrinsische Motivation

„Intrinsisches Verhalten [erfolgt] um
seiner selbst willen [...] zusammenhängender Zielzustände willen, [...]
es [ist] nicht bloßes Mittel zu einem
andersartigen Zweck [...].“ (Heckhausen, 1989, S. 456) Steht im Gegensatz
zu extrinsischer Motivation: Hier
wird eine Handlung aufgenommen
beziehungsweise ausgeführt, weil eine
Belohnung erwartet wird.

## Job Enlargement

Diese Arbeitsgestaltungsmethode stellt
einen der ersten modernen Ansätze zur
Neugestaltung von Arbeitstätigkeiten
dar. Erweiterung des Aufgabenbereichs
ohne Erweiterung des Verantwortungs-
bereichs des einzelnen Mitarbeiters.

## Job Enrichment

Arbeitsgestaltungsmethode, die nicht
nur die Erweiterung des Arbeitsbereiches vorsieht, sondern eine qualitative
Anreicherung von Arbeitsaufgaben.
Mitarbeitern werden verantwor-

tungsvollere Aufgaben übertragen
und zusätzlich erhalten sie auch mehr
Kontrolle darüber, wie sie ihre Arbeit
ausüben möchten.

## Job Rotation

Arbeitsgestaltungsmethode, die den
Wechsel des Arbeitsbereiches auf
lateraler Ebene innerhalb des Betriebes
vorsieht.

## Job Characteristics Model

Dieses von Hackman und Oldham
(1980) stammende Modell zeigt Möglichkeiten auf, wie Arbeit neu gestaltet
werden kann, damit sie für Arbeitnehmer intrinsisch motivierend ist.

## Lean Management

Lean Production („schlanke Produk-
tion"), in der japanischen Automobil-
industrie entwickeltes und in den USA
analysiertes und weiterentwickeltes
Konzept einer kostenminimierenden
Organisationsstrategie. Der Begriff
Lean Production wurde zunächst auf
den Produktionsprozess angewandt,
dann jedoch als Lean Management auf
die gesamte Unternehmensstruktur
übertragen (Qualitätsmanagement).
Kennzeichen sind Gruppenarbeit,
flache Hierarchien, enge Einbindung
der Mitarbeiter in Entwicklungs- und
Qualitätssicherungsprozesse, Beschleu-
nigung der Produktzyklen durch
parallele Produkt- und Prozessplanung,
Minimierung der Lagerbestände
(Just-in-Time), Qualitätszirkel, hohe
individuelle Verantwortung und ver-
trauensvolle Zusammenarbeit.

## Management by Objectives

Managementkonzept, das die Zielsetzungstheorie anwendet (Führung
durch Zielsetzung).

## Misserfolgsmotivierte Personen

Sie meiden tendenziell eher den
Bereich mittlerer Schwierigkeit. Sie
weichen aber nicht immer auf sehr
leichte oder sehr schwierige Aufgaben
aus, vielmehr verteilt sich die Wahl
insgesamt breiter über den gesamten
Schwierigkeitsbereich.

## Mitarbeitergespräch

Gespräch zwischen Vorgesetzten und
Mitarbeitern, um Leistungen zu bewerten und weitere Ziele zu setzen.

## Mitarbeiterpartizipations- programme

(Employee Involvement Programs)
Unter diesem Begriff wird eine Reihe
von Techniken zusammengefasst, die
von der finanziellen Mitarbeiterbetei-
ligung, „Empowerment" etc. bis zum
partizipativen Management reichen.
Das Kennzeichen all dieser Methoden
ist, dass Mitarbeiter an betrieblichen
Entscheidungen teilhaben können.

## Modell der Risikowahl

Atkinson (1957) versteht Leistungsmotivation als Ergebnis eines
emotionalen Konflikts zwischen der
Hoffnung auf Erfolg und der Furcht vor
Misserfolg.

## Motiv („motive")

Bezeichnung für mehr oder minder
bewusste und komplexe Beweggründe
des menschlichen Verhaltens, die sich
in gedanklichen Vorwegnahmen eines
angestrebten Zielzustandes beziehungsweise Veränderungserwartungen in
Bezug auf bestimmte Situationen
äußern. Motive sind eingebettet in
kognitive und emotionale Prozesse und
von relativ überdauernden Einstellungen beziehungsweise Wertmaßstäben
überlagert.

## Motivation

Motivation ist ein Sammelbegriff für
„vielerlei Prozesse und Effekte, deren
gemeinsamer Kern darin besteht, daß
ein Lebewesen sein Verhalten um der
erwarteten Folgen willen auswählt und
hinsichtlich Richtung und Energie-

aufwand steuert" (Heckhausen, 1989,
S. 10). Im wirtschaftlichen Kontext
wird Motivation definiert als die
Bereitschaft eines Individuums, große
Anstrengungen zur Erreichung der
Organisationsziele zu leisten, unter der
Bedingung, dass diese Anstrengungen
zur Befriedigung der Bedürfnisse des
Individuums beitragen.

### Motivationsmodell von Heckhausen

Heckhausen (1989) entwickelte die
Theorie von Vroom (1964) weiter.
Erkenntnisse der Erwartungs-mal-
Wert-Theorien wurden integriert und
die Situation, in der eine Entscheidung
getroffen wird, als zusätzliche Variable
eingeführt.

### Motivationspotenzial

Maß für die Motivation, die ein Mitarbeiter aus seiner Arbeit schöpfen kann.

### Motivatoren (Kontentfaktoren, „satisfiers")

Darunter sind jene Faktoren zusammengefasst, die Zufriedenheit bewirken, wie etwa Leistung, Anerkennung,
die Tätigkeit selbst, Verantwortung,
Weiterentwicklungs- und Aufstiegsmöglichkeiten.

### Organisation

Ein System von Menschen, das dazu
dient, Ziele zu erreichen, die für eine
Einzelperson allein nicht zu erreichen
wären.

### Organisationspsychologie (O-Psychologie)

Beschäftigt sich mit den menschlichen
Problemen in Organisationen. Es wird
zwischen der Mikroebene (individuelles Verhalten), der Mesoebene (Grup-
penverhalten) und der Makroebene
(organisationale Struktur) unterschieden (siehe auch Arbeitspsychologie,
Betriebspsychologie).

### Produktivität

Leistungsfähigkeit eines Menschen,
einer technischen Anlage, einer Gruppe
oder einer ganzen Nation.

### Prozedurale Gerechtigkeit

Bezieht sich auf das Verfahren, das zur
Verteilung von Aufwand und Erträgen
führt. Es geht um die Bewertung über
die faire Teilhabe an der Aufstellung
von Bedingungen, die zur erfolgreichen Aufgabenerledigung und deren
Folgen führen. Führungskräfte und
Management sollten die Vorgangsweise
transparent macht.

### Prozesstheorien der Motivation

Theorien darüber, wie ein bestimmtes
Verhalten die Ausführung (oder Unter-
lassung) sowie die Art der Ausführung
einer Handlung bestimmt.

### Satisfier

(siehe Motivatoren)

### Selbstbekräftigung

Selbstbekräftigung stellt einen
zentralen motivationalen Aspekt dar.
Personen belohnen sich, wenn Ziele
erreicht oder wünschenswerte Verhaltensweisen gesetzt wurden.

### Selbstmanagement

Lernmethoden, welche Individuen in
die Lage versetzen, das eigene Verhalten so zu steuern, dass weniger externe
Kontrolle notwendig ist.

### Selbstregulation

Fähigkeit, Ziele durch selbstgewählte
Handlungen über die Zeit hinweg zu
erreichen; eigenständige Modulation
von Gedanken, Affekten, Verhalten und
der Aufmerksamkeit durch willentlichen oder automatischen Gebrauch
spezieller psychologischer Mechanismen (Theorie von Kuhl, 1983).

### Selbstverwirklichung
Ist die Entfaltung aller Potenziale eines Individuums durch das Individuum selbst.

### Selbstwirksamkeit
(engl.: self efficacy) Annahme eines Individuums, eine Aufgabe autonom bewältigen zu können.

### Situations-Ergebnis-Erwartung
(S→E) Diese steht für die subjektive Wahrscheinlichkeit, mit der eine gegenwärtige Lage ohne eigenes Zutun zu einem künftigen Ergebnis führen wird.

### Skill-based Pay Plans
Bezahlung nach erworbener Qualifikation; in diesem Programm hängt die Höhe der Bezahlung eines Arbeiters davon ab, welche Fähigkeiten er besitzt beziehungsweise wie viele verschiedene Tätigkeiten er ausführen kann.

### Skills
Fertigkeiten und Wissen, die in der Aus- und Weiterbildung sowie in verschiedenen Qualifikationen angeeignet werden.

### Theorie X und Theorie Y
McGregor (1960) postuliert zwei unterschiedliche Annahmen über arbeitende Menschen. Theorie X entspricht dem Menschenbild, dass Arbeiter arbeitsunwillig sind, man sie zur Arbeit zwingen muss und sie nicht gerne Verantwortung übernehmen wollen. Im Gegensatz dazu werden in der Theorie Y Arbeiter als arbeitswillige und entscheidungsfreudige Individuen angesehen, die Eigenverantwortung übernehmen, wenn sie sich Zielen verpflichtet fühlen.

### Variable Entlohnungssysteme (Variable Pay Programs)
Bei dieser Methode hängt ein Teil der Bezahlung der Mitarbeiter von deren individuellen und/oder der Leistung des gesamten Unternehmens ab.

### Verteilungskonflikt
Ein Verteilungskonflikt liegt vor, wenn es um die Aufteilung von Gewinn und Kosten geht und die Interessen der Partner unterschiedlich sind.

### VIE-Theorie
(Valenz-Instrumentalität-Erwartung) Die Theorie besagt, dass Menschen solche Alternativen wählen, die den subjektiven Nutzen maximieren und von denen sie erwarten, dass das erwünschte Ziel auch erreicht werden kann. Zentrale Variablen sind Valenz, Instrumentalität und Erwartung.

### Zielschwierigkeit
Erforderliche Leistung zur Zielerreichung.

### Zielsetzungstheorie
Theorie der Arbeitsmotivation von Latham und Locke (1991).

### Zielspezifität
Grad der Spezifität von Zielen; spezifische Ziele haben eine positivere Wirkung als unspezifische.

### Zielverbundenheit
(engl. = goal commitment) Das Ausmaß, zu dem die Mitarbeiter die Zielerreichung akzeptieren und anstreben.

### Zwei-Faktoren-Theorie
Herzberg, Mausner und Snyderman (1959) postulieren, dass Zufriedenheit und Unzufriedenheit mit der Arbeit von je zwei unterschiedlichen Faktorengruppen (Motivatoren, Hygienefaktoren) beeinflusst werden.

# Sachregister